U0528189

论科技自立自强

习 近 平

中央文献出版社

出 版 说 明

科技自立自强是国家强盛之基、安全之要。党的十八大以来，以习近平同志为核心的党中央高度重视科技创新工作，坚持把创新作为引领发展的第一动力，把科技创新摆在国家发展全局的核心位置，全面谋划科技创新工作，加快推进科技自立自强，基础研究和原始创新不断加强，一些关键核心技术实现突破，战略性新兴产业发展壮大，重大创新成果竞相涌现，我国科技事业取得历史性成就、发生历史性变革，进入创新型国家行列。习近平同志围绕推进科技自立自强发表的一系列重要论述，立足党和国家发展战略全局，把握世界大势和时代潮流，深刻阐明了科技创新在人类社会进步中的重要地位，系统阐述了推进我国科技创新的战略目标、重点任务、重大举措和基本要求，提出了一系列新思想新观点新论断新要求，对于深入实施科教兴国战略、人才强国战略、创新驱动发展战略，完善国家创新体系，加快建设科技强国，加快实现高水平科技自立自强，加快构建新发展格局，着力推动高质量发展，全面建成社会主义现代化强国，以中国式现代化全面推进中华民族伟大复兴，具有十分重要的指导意义。为了帮助广大干部群众深入学习贯彻习近平同志关于科技自立自强的重要论述，我们将习近平同志的相关论述汇编为《论科技自立自强》一书。

本书收入党的十八大以来习近平同志关于科技自立自强的文稿共五十篇，其中部分文稿是首次公开发表。

中共中央党史和文献研究院
二〇二三年四月

目　　录

加快建设科技强国，实现高水平科技自立自强 …… （1）
　（二〇二一年五月二十八日）

提高自主创新能力是实施创新驱动发展战略的
　关键环节 …………………………………………（16）
　（二〇一三年三月四日）

使科技真正成为驱动我国经济社会发展的
　主要动力源 ………………………………………（23）
　（二〇一三年七月十七日）

破除一切束缚创新驱动发展的观念和
　体制机制障碍 ……………………………………（31）
　（二〇一三年九月三十日）

给农业插上科技的翅膀 …………………………（39）
　（二〇一三年十一月二十七日）

加强产学研深度融合，提升创新体系整体效能 ……（41）
　（二〇一三年十二月——二〇二二年九月）

实现种业科技自立自强、种源自主可控 ………… （48）

　　（二〇一三年十二月——二〇二二年十二月）

努力把我国建设成为网络强国 ………… （54）

　　（二〇一四年二月二十七日）

使我国成为现代装备制造大国和强国 ………… （57）

　　（二〇一四年五月——二〇二一年四月）

加快向具有全球影响力的科技创新中心进军 …… （62）

　　（二〇一四年五月二十三日、二十四日）

让工程科技造福人类、创造未来 ………… （66）

　　（二〇一四年六月三日）

在中国科学院第十七次院士大会、中国工程院
第十二次院士大会上的讲话 ………… （75）

　　（二〇一四年六月九日）

加快推进能源技术革命 ………… （92）

　　（二〇一四年六月——二〇二一年十月）

全面增强自主创新能力，掌握新一轮
全球科技竞争的战略主动 ………… （96）

　　（二〇一四年八月十八日）

构建具有中国特色的科技计划体系和
管理制度 ………… （99）

　　（二〇一四年九月二十九日）

实施一批国家重大科技项目和在重大创新领域
　　组建一批国家实验室 …………………………（101）
　　（二〇一五年十月二十六日）

以新的发展理念引领发展 ……………………………（104）
　　（二〇一五年十月二十九日）

致二〇一五世界机器人大会的贺信 …………………（109）
　　（二〇一五年十一月二十日）

开拓进取、攻坚克难，勇攀医学高峰 ………………（111）
　　（二〇一五年十二月十八日、
　　二〇一六年十月二十七日）

着力实施创新驱动发展战略 …………………………（113）
　　（二〇一六年一月十八日）

在网络安全和信息化工作座谈会上的讲话 …………（117）
　　（二〇一六年四月十九日）

发展航天事业，建设航天强国 ………………………（139）
　　（二〇一六年四月——二〇二二年五月）

为建设世界科技强国而奋斗 …………………………（146）
　　（二〇一六年五月三十日）

大力弘扬科学家精神，勇于攀登科技高峰 …………（163）
　　（二〇一六年六月——二〇二二年十一月）

重视科学普及，不断提高广大人民

　　科学文化素质 …………………………………（167）

　　（二〇一六年七月——二〇一八年九月）

加快推进网络信息技术自主创新 ………………………（169）

　　（二〇一六年十月九日）

农业农村现代化关键在科技、在人才 …………………（172）

　　（二〇一七年五月——二〇二二年四月）

加快建设创新型国家 ……………………………………（177）

　　（二〇一七年十月十八日）

实施国家大数据战略，加快建设数字中国 ……………（178）

　　（二〇一七年十二月八日）

加快建设现代化经济体系 ………………………………（182）

　　（二〇一八年一月三十日）

自主创新推进网络强国建设 ……………………………（186）

　　（二〇一八年四月二十日）

努力把关键核心技术掌握在我们自己手里 ……………（191）

　　（二〇一八年四月——二〇二二年八月）

在中国科学院第十九次院士大会、中国工程院

　　第十四次院士大会上的讲话 ……………………（194）

　　（二〇一八年五月二十八日）

推动我国新一代人工智能健康发展 ……………………（212）

　　（二〇一八年十月三十一日）

同各国携手打造开放、公平、公正、非歧视的
　　科技发展环境 …………………………………（216）
　　（二〇一八年十一月——二〇二二年十一月）

坚持创新导向，开辟增长源泉 …………………………（222）
　　（二〇一八年十一月十七日）

推动制造业高质量发展 …………………………………（224）
　　（二〇一八年十二月十九日）

科技领域安全是国家安全的重要组成部分 ………（227）
　　（二〇一九年一月二十一日）

为打赢疫情防控阻击战提供强大科技支撑 ………（228）
　　（二〇二〇年三月二日）

以科技创新催生新发展动能 …………………………（235）
　　（二〇二〇年八月二十四日）

在科学家座谈会上的讲话 ………………………………（237）
　　（二〇二〇年九月十一日）

充分认识推动量子科技发展的重要性和
　　紧迫性 ……………………………………………（246）
　　（二〇二〇年十月十六日）

科技自立自强是促进发展大局的根本支撑 ………（250）
　　（二〇二〇年十月——二〇二一年一月）

全面加强知识产权保护工作，激发创新活力，
　　推动构建新发展格局 ……………………………（253）
　　（二〇二〇年十一月三十日）

发展科学技术必须具有全球视野 …………………（260）

　　（二〇二一年九月二十四日）

深入实施新时代人才强国战略，加快建设

　　世界重要人才中心和创新高地 …………………（262）

　　（二〇二一年九月二十七日）

不断做强做优做大我国数字经济 …………………（278）

　　（二〇二一年十月十八日）

把科技的命脉牢牢掌握在自己手中 ………………（284）

　　（二〇二二年六月二十八日）

加快建设现代化产业体系 …………………………（286）

　　（二〇二二年十月十六日、十二月十五日）

实施科教兴国战略，强化现代化建设

　　人才支撑 …………………………………………（289）

　　（二〇二二年十月十六日）

加快建设科技强国，
实现高水平科技自立自强[*]

（二〇二一年五月二十八日）

今天，中国科学院第二十次院士大会、中国工程院第十五次院士大会和中国科协第十次全国代表大会隆重开幕了。这是我们在"两个一百年"奋斗目标的历史交汇点、开启全面建设社会主义现代化国家新征程的重要时刻，共商推进我国科技创新发展大计的一次盛会。

首先，我代表党中央，向大会的召开，表示热烈的祝贺！向在各个岗位辛勤奉献的科技工作者，致以诚挚的慰问！五月三十日是第五个全国科技工作者日，我向全国广大科技工作者，致以节日的问候！

今年是中国共产党成立一百周年。在革命、建设、改革各个历史时期，我们党都高度重视科技事业。从革命时期高度重视知识分子工作，到新中国成立后吹响"向科学进军"的号角，到改革开放提出"科学技术是

---

[*] 这是习近平同志在中国科学院第二十次院士大会、中国工程院第十五次院士大会和中国科协第十次全国代表大会上的讲话。

第一生产力"的论断；从进入新世纪深入实施知识创新工程、科教兴国战略、人才强国战略，不断完善国家创新体系、建设创新型国家，到党的十八大后提出创新是第一动力、全面实施创新驱动发展战略、建设世界科技强国，科技事业在党和人民事业中始终具有十分重要的战略地位、发挥了十分重要的战略作用。

党的十九大以来，党中央全面分析国际科技创新竞争态势，深入研判国内外发展形势，针对我国科技事业面临的突出问题和挑战，坚持把科技创新摆在国家发展全局的核心位置，全面谋划科技创新工作。我们坚持党对科技事业的全面领导，观大势、谋全局、抓根本，形成高效的组织动员体系和统筹协调的科技资源配置模式。我们牢牢把握建设世界科技强国的战略目标，以只争朝夕的使命感、责任感、紧迫感，抢抓全球科技发展先机，在基础前沿领域奋勇争先。我们充分发挥科技创新的引领带动作用，努力在原始创新上取得新突破，在重要科技领域实现跨越发展，推动关键核心技术自主可控，加强创新链产业链融合。我们全面部署科技创新体制改革，出台一系列重大改革举措，提升国家创新体系整体效能。我们着力实施人才强国战略，营造良好人才创新生态环境，聚天下英才而用之，充分激发广大科技人员积极性、主动性、创造性。我们扩大科技领域开放合作，主动融入全球科技创新网络，积极参与解决人类面临的重大挑战，努力推动科技创新成果惠及更多国家和人民。

二〇一六年我们召开了全国科技创新大会、两院院士大会和中国科协第九次全国代表大会，二〇一八年我们召开了两院院士大会。几年来，在党中央坚强领导下，在全国科技界和社会各界共同努力下，我国科技实力正在从量的积累迈向质的飞跃、从点的突破迈向系统能力提升，科技创新取得新的历史性成就。

——基础研究和原始创新取得重要进展。基础研究整体实力显著加强，化学、材料、物理、工程等学科整体水平明显提升。在量子信息、干细胞、脑科学等前沿方向上取得一批重大原创成果。成功组织了一批重大基础研究任务，"嫦娥五号"实现地外天体采样返回，"天问一号"开启火星探测，"怀柔一号"引力波暴高能电磁对应体全天监测器卫星成功发射，"慧眼号"直接测量到迄今宇宙最强磁场，五百米口径球面射电望远镜首次发现毫秒脉冲星，新一代"人造太阳"首次放电，"雪龙2"号首航南极，七十六个光子的量子计算原型机"九章"、六十二比特可编程超导量子计算原型机"祖冲之号"成功问世。散裂中子源等一批具有国际一流水平的重大科技基础设施通过验收。

——战略高技术领域取得新跨越。在深海、深空、深地、深蓝等领域积极抢占科技制高点。"海斗一号"完成万米海试，"奋斗者"号成功坐底，北斗卫星导航系统全面开通，中国空间站天和核心舱成功发射，"长征五号"遥三运载火箭成功发射，世界最强流深地核天体物理加速器成功出束，"神威·太湖之光"超级计算机首次实现千万核心并行第一性原理计算模拟，"墨子号"实现无中继千公里级量子密钥分发。"天鲲号"首次试航成功。"国和一号"和"华龙一号"三代核电技术取得新突破。

——高端产业取得新突破。C919大飞机准备运营，时速六百公里高速磁浮试验样车成功试跑，最大直径盾构机顺利始发。北京大兴国际机场正式投运，港珠澳大桥开通营运。智能制造取得长足进步，人工智能、数字经济蓬勃发展，图像识别、语音识别走在全球前列，5G移动通信技术率先实现规模化应用。新能源汽车加快发展。消费级无人机占据一半以上的全球市场。甲醇制烯烃技术持续创新带动了我国煤制烯烃产业快速发展。

——科技在新冠肺炎疫情防控中发挥了重要作用。科技界为党和政府科学应对疫情提供了科技和决策支撑。成功分离出世界上首个新冠病毒毒株，完成病毒基因组测序，开发一批临床救治药物、检测设备和试剂，研发应用多款疫苗，科技在控制传染、病毒溯源、疾病救治、疫苗和药物研发、复工复产等方面提供了有力支撑，打了一场成功的科技抗疫战。

——民生科技领域取得显著成效。医用重离子加速器、磁共振、彩超、CT等高端医疗装备国产化替代取得重大进展。运用科技手段构建精准扶贫新模式，为贫困地区培育科技产业、培养科技人才,科技在打赢脱贫攻坚战中发挥了重要作用。煤炭清洁高效燃烧、钢铁多污染物超低排放控制等多项关键技术推广应用,促进了空气质量改善。

——国防科技创新取得重大成就。国防科技有力支撑重大武器装备研制发展,首艘国产航母下水,第五代战机歼20正式服役。东风-17弹道导弹研制成功,我国在高超音速武器方面走在前列。

实践证明,我国自主创新事业是大有可为的!我国广大科技工作者是大有作为的!我国广大科技工作者要以与时俱进的精神、革故鼎新的勇气、坚忍不拔的定力,面向世界科技前沿、面向经济主战场、面向国家重大需求、面向人民生命健康,把握大势、抢占先机,直面问题、迎难而上,肩负起时代赋予的重任,努力实现高水平科技自立自强!

各位院士,同志们、朋友们!

当今世界百年未有之大变局加速演进,国际环境错综复杂,世界经济陷入低迷期,全球产业链供应链面临重塑,不稳定性不确定性明显增加。新冠肺炎疫情影响广泛深远,逆全球化、单边主义、保护主义思潮暗流涌动。科技创新成为国际战略博弈的主要战场,围绕科技制高点的竞争空前激烈。我们必须保持强烈的忧患意识,做好充分的思想准备和工作准备。

当前,新一轮科技革命和产业变革突飞猛进,科学研究范式正在发生深刻变革，学科交叉融合不断发展，科学技术和经济社会发展加速渗透融合。科技创新广度显著加大，宏观世界大至天体运行、星系演化、宇宙起源，微观世界小至基因编辑、粒子结构、量子调控，都是当今世界科技发展的最前沿。科技创新深度显著加深，深空探测成为科技竞争的制高点，深海、深地探测为人类认识自然不断拓展新的视野。科技创新速度显著加快，以信息技术、人工智能为代表的新兴科技快速发展，大大拓展了时间、空间和人们认知范围，人类正在进入一个"人机物"三元融合的万物智能互联时代。生物科学基础研究和应用研究快速发展。科技创新精度显著加强，对生物大分子和基因的研究进入精准调控阶段，从认识生命、改造生命走向合成生命、设计生命，在给人类带来福祉的同时，也带来生命伦理的挑战。

经过多年努力，我国科技整体水平大幅提升，我们完全有基础、有底气、有信心、有能力抓住新一轮科技革命和产业变革的机遇，乘势而上，大展宏图。同时，也要看到，我国原始创新能力还不强，创新体系整体效能还不高，科技创新资源整合还不够，科技创新力量布局有待优化，科技投入产出效益较低，科技人才队伍结构有待优化，科技评价体系还不适应科技发展要求，科技生态需要进一步完善。这些问题，很多是长期存在的难点，需要继续下大气力加以解决。

党的十九大确立了到二〇三五年跻身创新型国家前

列的战略目标，党的十九届五中全会提出了坚持创新在我国现代化建设全局中的核心地位，把科技自立自强作为国家发展的战略支撑。立足新发展阶段、贯彻新发展理念、构建新发展格局、推动高质量发展，必须深入实施科教兴国战略、人才强国战略、创新驱动发展战略，完善国家创新体系，加快建设科技强国，实现高水平科技自立自强。

第一，加强原创性、引领性科技攻关，坚决打赢关键核心技术攻坚战。科技立则民族立，科技强则国家强。加强基础研究是科技自立自强的必然要求，是我们从未知到已知、从不确定性到确定性的必然选择。要加快制定基础研究十年行动方案。基础研究要勇于探索、突出原创，推进对宇宙演化、意识本质、物质结构、生命起源等的探索和发现，拓展认识自然的边界，开辟新的认知疆域。基础研究更要应用牵引、突破瓶颈，从经济社会发展和国家安全面临的实际问题中凝练科学问题，弄通"卡脖子"技术的基础理论和技术原理。要加大基础研究财政投入力度、优化支出结构，对企业基础研究投入实行税收优惠，鼓励社会以捐赠和建立基金等方式多渠道投入，形成持续稳定的投入机制。

科技攻关要坚持问题导向，奔着最紧急、最紧迫的问题去。要从国家急迫需要和长远需求出发，在石油天然气、基础原材料、高端芯片、工业软件、农作物种子、科学试验用仪器设备、化学制剂等方面关键核心技术上全力攻坚，加快突破一批药品、医疗器械、医用设备、疫苗等领域关键核心技术。要在事关发展全局和国家安全的基础核心领域，瞄准人工智能、量子信息、集成电路、先进制造、生命健康、脑科学、生物育种、空天科技、深地深海等前沿领域，前瞻部署一批战略性、储备性技术研发项目，瞄准未来科技和产业发展的制高点。要优化财政科技投入，重点投向战略性、关键性领域。

创新链产业链融合，关键是要确立企业创新主体地位。要增强企业创新动力，正向激励企业创新，反向倒逼企业创新。要发挥企业出题者作用，推进重点项目协同和研发活动一体化，加快构建龙头企业牵头、高校院所支撑、各创新主体相互协同的创新联合体，发展高效强大的共性技术供给体系，提高科技成果转移转化成效。

现代工程和技术科学是科学原理和产业发展、工程研制之间不可缺少的桥梁，在现代科学技术体系中发挥着关键作用。要大力加强多学科融合的现代工程和技术科学研究，带动基础科学和工程技术发展，形成完整的现代科学技术体系。

第二，强化国家战略科技力量，提升国家创新体系整体效能。世界科技强国竞争，比拼的是国家战略科技力量。国家实验室、国家科研机构、高水平研究型大学、科技领军企业都是国家战略科技力量的重要组成部分，要自觉履行高水平科技自立自强的使命担当。

国家实验室要按照"四个面向"的要求,紧跟世界科技发展大势,适应我国发展对科技发展提出的使命任务,多出战略性、关键性重大科技成果,并同国家重点实验室结合,形成中国特色国家实验室体系。

国家科研机构要以国家战略需求为导向,着力解决影响制约国家发展全局和长远利益的重大科技问题,加快建设原始创新策源地,加快突破关键核心技术。

高水平研究型大学要把发展科技第一生产力、培养人才第一资源、增强创新第一动力更好结合起来,发挥基础研究深厚、学科交叉融合的优势,成为基础研究的主力军和重大科技突破的生力军。要强化研究型大学建设同国家战略目标、战略任务的对接,加强基础前沿探索和关键技术突破,努力构建中国特色、中国风格、中国气派的学科体系、学术体系、话语体系,为培养更多杰出人才作出贡献。

科技领军企业要发挥市场需求、集成创新、组织平台的优势,打通从科技强到企业强、产业强、经济强的通道。要以企业牵头,整合集聚创新资源,形成跨领域、大协作、高强度的创新基地,开展产业共性关键技术研发、科技成果转化及产业化、科技资源共享服务,推动重点领域项目、基地、人才、资金一体化配置,提升我国产业基础能力和产业链现代化水平。

各地区要立足自身优势,结合产业发展需求,科学合理布局科技创新。要支持有条件的地方建设综合性国家科学中心或区域科技创新中心，使之成为世界科学前沿领域和新兴产业技术创新、全球科技创新要素的汇聚地。

第三，推进科技体制改革，形成支持全面创新的基础制度。要健全社会主义市场经济条件下新型举国体制，充分发挥国家作为重大科技创新组织者的作用，支持周期长、风险大、难度高、前景好的战略性科学计划和科学工程，抓系统布局、系统组织、跨界集成，把政府、市场、社会等各方面力量拧成一股绳，形成未来的整体优势。要推动有效市场和有为政府更好结合，充分发挥市场在资源配置中的决定性作用，通过市场需求引导创新资源有效配置，形成推进科技创新的强大合力。

要重点抓好完善评价制度等基础改革，坚持质量、绩效、贡献为核心的评价导向，全面准确反映成果创新水平、转化应用绩效和对经济社会发展的实际贡献。在项目评价上，要建立健全符合科研活动规律的评价制度，完善自由探索型和任务导向型科技项目分类评价制度，建立非共识科技项目的评价机制。在人才评价上，要"破四唯"和"立新标"并举，加快建立以创新价值、能力、贡献为导向的科技人才评价体系。要支持科研事业单位探索试行更灵活的薪酬制度，稳定并强化从事基础性、前沿性、公益性研究的科研人员队伍，为其安心科研提供保障。

科技管理改革不能只做"加法"，要善于做"减法"。要拿出更大的勇气推动科技管理职能转变，按照抓战略、抓改革、抓规划、抓服务的定位，转变作风，提升能力，减少分钱、分物、定项目等直接干预，强化规划政策引导，给予科研单位更多自主权，赋予科学家更大技术路线决定权和经费使用权，让科研单位和科研人员从繁琐、不必要的体制机制束缚中解放出来！

创新不问出身，英雄不论出处。要改革重大科技项目立项和组织管理方式，实行"揭榜挂帅"、"赛马"等制度。要研究真问题，形成真榜、实榜。要真研究问题，让那些想干事、能干事、干成事的科技领军人才挂帅出征，推行技术总师负责制、经费包干制、信用承诺制，做到不论资历、不设门槛，让有真才实学的科技人员英雄有用武之地！

第四，构建开放创新生态，参与全球科技治理。科学技术具有世界性、时代性，是人类共同的财富。要统筹发展和安全，以全球视野谋划和推动创新，积极融入全球创新网络，聚焦气候变化、人类健康等问题，加强同各国科研人员的联合研发。要主动设计和牵头发起国际大科学计划和大科学工程，设立面向全球的科学研究基金。

科技是发展的利器，也可能成为风险的源头。要前瞻研判科技发展带来的规则冲突、社会风险、伦理挑战，完善相关法律法规、伦理审查规则及监管框架。要深度参与全球科技治理，贡献中国智慧，塑造科技向善的文化理念，让科技更好增进人类福祉，让中国科技为推动构建人类命运共同体作出更大贡献！

第五，激发各类人才创新活力，建设全球人才高地。世界科技强国必须能够在全球范围内吸引人才、留住人才、用好人才。我国要实现高水平科技自立自强，归根结底要靠高水平创新人才。

培养创新型人才是国家、民族长远发展的大计。当今世界的竞争说到底是人才竞争、教育竞争。要更加重视人才自主培养，更加重视科学精神、创新能力、批判性思维的培养培育。要更加重视青年人才培养，努力造就一批具有世界影响力的顶尖科技人才，稳定支持一批创新团队，培养更多高素质技术技能人才、能工巧匠、大国工匠。我国教育是能够培养出大师来的，我们要有这个自信！要在全社会营造尊重劳动、尊重知识、尊重人才、尊重创造的环境，形成崇尚科学的风尚，让更多的青少年心怀科学梦想、树立创新志向。"栽下梧桐树，引来金凤凰。"要构筑集聚全球优秀人才的科研创新高地，完善高端人才、专业人才来华工作、科研、交流的政策。

科技创新离不开科技人员持久的时间投入。为了保证科研人员的时间，一九六一年中央就曾提出保证科技人员每周有五天时间搞科研工作。保障时间就是保护创新能力！要建立让科研人员把主要精力放在科研上的保障机制，让科技人员把主要精力投入科技创新和研发活动。各类应景性、应酬性活动少一点科技人员参加，不会带来什么损失！决不能让科技人员把大量时间花在一些无谓的迎来送往活动上，花在不必要的评审评价活动上，花在形式主义、官僚主义的种种活动上！

各位院士，同志们、朋友们！

中国科学院、中国工程院是国家科学技术界和工程科技界的最高学术机构，是国家战略科技力量。要发挥两院作为国家队的学术引领作用、关键核心技术攻关作用、创新人才培养作用，解决重大原创的科学问题，勇闯创新"无人区"，突破制约发展的关键核心技术，发现、培养、集聚一批高素质人才和高水平创新团队。要强化两院的国家高端智库职能，发挥战略科学家作用，积极开展咨询评议，服务国家决策。

中国科协要肩负起党和政府联系科技工作者桥梁和纽带的职责，坚持为科技工作者服务、为创新驱动发展服务、为提高全民科学素质服务、为党和政府科学决策服务，更广泛地把广大科技工作者团结在党的周围，弘扬科学家精神，涵养优良学风。要坚持面向世界、面向未来，增进对国际科技界的开放、信任、合作，为全面建设社会主义现代化国家、推动构建人类命运共同体作出更大贡献。

院士是我国科学技术方面和工程科技领域的最高荣誉称号。两院院士是国家的财富、人民的骄傲、民族的光荣。党的十八届三中全会以来，我们改革院士制度，取得积极成效。党的十九届五中全会提出深化院士制度改革,让院士称号进一步回归荣誉性、学术性。在院士评选中要打破论资排辈,杜绝非学术性因素的影响,加强社会监督,维护院士称号的纯洁性。

这里,我给院士们提几点希望。

——希望广大院士做胸怀祖国、服务人民的表率。在中华民族伟大复兴的征程上,一代又一代科学家心系祖国和人民,不畏艰难,无私奉献,为科学技术进步、人民生活改善、中华民族发展作出了重大贡献。新时代更需要继承发扬以国家民族命运为己任的爱国主义精神,更需要继续发扬以爱国主义为底色的科学家精神。广大院士要不忘初心、牢记使命,响应党的号召,听从祖国召唤,保持深厚的家国情怀和强烈的社会责任感,为党、为祖国、为人民鞠躬尽瘁、不懈奋斗!

——希望广大院士做追求真理、勇攀高峰的表率。科学以探究真理、发现新知为使命。一切真正原创的知识,都需要冲破现有的知识体系。"善学者尽其理,善行者究其难。"广大院士要勇攀科学高峰,敢为人先,追求卓越,努力探索科学前沿,发现和解决新的科学问题,提出新的概念、理论、方法,开辟新的领域和方向,形成新的前沿学派。要攻坚克难、集智攻关,瞄准"卡脖子"的关键核心技术难题,带领团队作出重大突破。

——希望广大院士做坚守学术道德、严谨治学的表率。诚信是科学精神的必然要求。广大院士要做学术道德的楷模，坚守学术道德和科研伦理，践行学术规范，让学术道德和科学精神内化于心、外化于行，涵养风清气正的科研环境，培育严谨求是的科学文化。人的精力是有限的，院士们要更加专注于科研，尽量减少兼职，更加聚焦本专业领域。

——希望广大院士做甘为人梯、奖掖后学的表率。"江山代有才人出"，"自古英雄出少年"。广大院士要在创新人才培养中发挥识才、育才、用才的导师作用。"才者，材也，养之贵素，使之贵器。"要言传身教，发扬学术民主，甘做提携后学的铺路石和领路人，大力破除论资排辈、圈子文化，鼓励年轻人大胆创新、勇于创新，让青年才俊像泉水一样奔涌而出。

各级党委和政府要充分尊重人才，对院士要政治上关怀、工作上支持、生活上关心，认真听取包括院士在内的广大科研人员意见，加强对科研活动的科学管理和服务保障，为科研人员创造良好创新环境。

各位院士，同志们、朋友们！

全面建设社会主义现代化国家新征程已经开启，向第二个百年奋斗目标进军的号角已经吹响。让我们团结起来，勇于创新、顽强拼搏，为建成世界科技强国、实现中华民族伟大复兴不断作出新的更大贡献！

提高自主创新能力是
实施创新驱动发展战略的关键环节*

（二〇一三年三月四日）

中共十八大强调，科技创新是提高社会生产力和综合国力的战略支撑，必须摆在国家发展全局的核心位置，实施创新驱动发展战略。之所以要把科技创新摆在这样突出的位置上，是因为这是加快转变经济发展方式、破解经济发展深层次矛盾和问题、增强经济发展内生动力和活力的根本措施。改革开放这三十多年，我们更多依靠资源、资本、劳动力等要素投入支撑了经济快速增长和规模扩张。改革开放发展到今天，这些要素条件发生了很大变化，再要像过去那样以这些要素投入为主来发展，既没有当初那样的条件，也是资源环境难以承受的。我们必须加快从要素驱动发展为主向创新驱动发展转变，发挥科技创新的支撑引领作用。这是立足全局、面向未来的重大战略，对实现到二〇二〇年全面建

---

* 这是习近平同志在参加全国政协十二届一次会议科协、科技界委员联组讨论时讲话的主要部分。

成小康社会目标具有十分重要的意义。

改革开放以来，我国科技事业快速发展，创新能力大幅提高，形成一大批世界一流的创新成果，如天宫一号与神舟八号交会对接成功，神舟九号载人飞船发射成功，"蛟龙"号载人潜水器成功突破七千米，首艘航母"辽宁号"成功入役，北斗卫星导航系统提供连续的导航定位和授时服务，百亩超级杂交稻试验田亩产突破九百公斤，等等。更为可喜的是，这些创新成就极大激发了全社会创新活力。在看到成绩的同时，也要看到存在的差距。从总体上看，我国科技创新基础还不牢，自主创新特别是原始创新能力还不强，关键领域核心技术受制于人的格局没有从根本上改变。要清醒地看到，我们在创新，人家也在创新，而且人家比我们起点高、投入大、走得快。我们必须正视现实、承认差距、明确方向，时不我待地去缩小差距。

当今世界，新科技革命和全球产业变革正在孕育兴起，新技术突破加速带动产业变革，对世界经济结构和竞争格局产生了重大影响。我很注意这方面的情况。综合起来看，现在世界科技发展有这样几个趋势：一是移动互联网、智能终端、大数据、云计算、高端芯片等新一代信息技术发展将带动众多产业变革和创新，二是围绕新能源、气候变化、空间、海洋开发的技术创新更加密集，三是绿色经济、低碳技术等新兴产业蓬勃兴起，四是生命科学、生物技术带动形成庞大的健康、现代农业、生物能源、生物制造、环保等产业。面对世界科技发展新趋势，世界主要国家纷纷加快发展新兴产业，加速推进数字技术同制造业的结合，推进"再工业化"，力图抢占未来科技和产业发展制高点。一些发展中国家也加大科技投入，加速发展具有比较优势的技术和产业，谋求实现跨越发展。有人提出了"第三次工业革命"即将到来的观点，有人认为"第三次工业革命"以制造业数字化为核心，有人认为"第三次工业革命"是数字制造和个人制造的融合。如果实现了通过互联网平台汇集社会资源、集合社会力量、推动合作创新，形成人机共融的制造模式，那将使全球技术要素和市场要素配置方式发生深刻变化，将给产业形态、产业结构、产业组织方式带来深刻影响。虽然对"第三次工业革命"还有不同看法，但恰好说明人们正在探讨世界科技创新发展趋势，以求抢占先机。对此，我们必须高度重视、密切跟踪、迎头赶上。

过去三十多年，我国发展主要靠引进上次工业革命的成果，基本是利用国外技术，早期是二手技术，后期是同步技术。如果现在仍采用这种思路，不仅差距会越拉越大，还将被长期锁定在产业分工格局的低端。在日趋激烈的全球综合国力竞争中，我们没有更多选择，非走自主创新道路不可。我们必须采取更加积极有效的应对措施，在涉及未来的重点科技领域超前部署、大胆探索。我们有改革开放三十多年来积累的坚实物质基础，有持续创新形成的系列成果，实施创新驱动发展战略已经具备良好基础和条件。因此，我们要抓住和用好我国发展的重要战略机遇期，深入实施创新驱动发展战略，不断开创国家创新发展新局面，加快从经济大国走向经济强国。

实施创新驱动发展战略，提高自主创新能力是关键环节，而提高自主创新能力需要从体制机制等多方面来保证。

第一，坚定不移走中国特色自主创新道路。这条道路是有优势的，最大的优势就是我国社会主义制度能够集中力量办大事，这是我们成就事业的重要法宝，过去我们搞"两弹一星"等靠的是这一法宝，今后我们推进创新跨越也要靠这一法宝。要结合社会主义市场经济新条件，发挥好我们的优势，加强统筹协调，促进协同创新，优化创新环境，形成推进创新的强大合力。对一些方向明确、影响全局、看得比较准的，要尽快下决心，实施重大专项和重大工程，组织全社会力量来推动。只有把核心技术掌握在自己手中，才能真正掌握竞争和发展的主动权，才能从根本上保障国家经济安全、国防安全和其他安全。当然，我们不能把自己封闭于世界之外，要积极开展对外技术交流，努力用好国际国内两种科技资源。

第二，增强创新自信。经过长期努力，我们在一些领域已接近或达到世界先进水平，某些领域正由"跟跑者"向"并行者"、"领跑者"转变,完全有能力在新的起点上实现更大跨越。我国广大科技工作者一定要有这个信心和决心。要认真落实《国家中长期科学和技术发展规划纲要》,加快推进重大科技专项实施,加强原始创新、集成创新和引进消化吸收再创新,更加注重协同创新,努力取得基础性、战略性、原创性的重大成果。在创新过程中,既不能妄自菲薄,对自主创新能力没信心,把自主创新成果看轻了,亦步亦趋,不敢超越;也不能妄自尊大,缺少虚心学习的态度,骄傲自满,夜郎自大。创新技术要发展,必须要使用。如果有了技术突破,谁都不用,束之高阁,那就难以继续前进。应用中出现一些问题是自然的,不要一出事就往自主能力上扯,这不是科学的态度。自己的创新成果自己都不相信和使用,怎么会指望别人去相信和使用?所以,要建立健全优先使用自主创新成果的机制,促进自主技术、自主品牌、自主标准的成果优先为我所用。

第三,深化科技体制改革。关于深化科技体制改革,中央已经作出全面部署。要进一步突出企业的技术创新主体地位,使企业真正成为技术创新决策、研发投入、科研组织、成果转化的主体,变"要我创新"为"我要创新"。促进科技和经济结合是改革创新的着力点,也是我们与发达国家差距较大的地方。要围绕产业链部署创新链,聚集产业发展需求,集成各类创新资源,着力突破共性关键技术,加快科技成果转化和产业化，培育产学研结合、上中下游衔接、大中小企业协同的良好创新格局。科技体制改革必须与其他方面改革协同推进，加强和完善科技创新管理，促进创新链、产业链、市场需求有机衔接。

第四，加强科技人才队伍建设。推进自主创新，人才是关键。没有强大人才队伍作后盾，自主创新就是无源之水、无本之木。要广纳人才，开发利用好国际国内两种人才资源，要放手使用人才，在全社会营造鼓励大胆创新、勇于创新、包容创新的良好氛围，既要重视成功，更要宽容失败，为人才发挥作用、施展才华提供更加广阔的天地，让他们人尽其才、才尽其用、用有所成。要完善促进人才脱颖而出的机制，完善人才发现机制，不拘一格选人才，培养宏大的具有创新活力的青年创新型人才队伍。要鼓励人才继承中华民族"先天下之忧而忧，后天下之乐而乐"的传统美德，把个人理想与实现中国梦结合起来，脚踏实地，勤奋工作，把自己的智慧和力量奉献给实现中国梦的伟大奋斗。

我想特别强调的是，社会生产力发展和综合国力提高，最终取决于科技创新。历史事实表明，经济大国不等于经济强国。一个国家长期落后归根到底是由于技术落后，而不取决于经济规模大小。历史上，我国曾长期位居世界经济大国之列，经济总量一度占到世界的三分之一左右，但由于技术落后和工业化水平低，近代以来屡屡被经济总量远不如我们的国家打败。为什么会这样？我们不是输在经济规模上，而是输在科技落后上。由于技术创新和工业制造落后于人，西方列强才得以用坚船利炮轰开我们的国门。中国近代史上落后挨打的根子就是技术落后。这个教训太深刻了！我们要牢牢记取。

使科技真正成为驱动我国经济社会发展的主要动力源*

（二〇一三年七月十七日）

一

当今世界，科学技术迅猛发展，新的科技革命正在孕育和兴起，知识创造和技术创新速度加快，学科交叉融合不断深化，新兴学科不断涌现，一些重要的科学问题和关键核心技术已经呈现出革命性突破的先兆，以新技术突破为基础的产业变革蓄势待发。科技创新更加广泛地影响着经济社会发展和人民生活，科技发展水平更加深刻地反映出一个国家的综合国力和核心竞争力。

党的十八大提出实施创新驱动发展战略，强调科技创新是提高社会生产力和综合国力的战略支撑，必须摆在国家发展全局的核心位置。我们要实现全面建成小康社会奋斗目标，实现中华民族伟大复兴，必须集中力量推进科技创新，真正把创新驱动发展战略落到实处。

---

* 这是习近平同志在中国科学院考察工作时讲话的节录。

实施创新驱动发展战略，首先要看清世界科技发展大势。科学技术是世界性的、时代的，发展科学技术必须具有全球视野、把握时代脉搏。当今世界，科学技术发展确实很快，可以说是突飞猛进、一日千里。我看了不少介绍世界科技发展的材料，一些新突破新趋势值得我们高度关注。

比如，大数据。研究表明，工业化时期数据量大约每十年翻一番，现在数据量每两年就翻一番。浩瀚的数据海洋就如同工业社会的石油资源，蕴含着巨大生产力和商机，谁掌握了大数据技术，谁就掌握了发展的资源和主动权。

再比如，先进制造。西方国家都在讲"再工业化"，实质上就是用新技术推动高端制造业发展。未来绿色化、智能化、柔性化、网络化的先进制造业，不仅会从源头上有效缓解资源环境压力，改变制造业"资源消耗大户"、"污染大户"的面貌，而且会引发制造业及其相关产业链的重大变革。

又比如，量子调控。科学家们开始调控量子世界，这将极大推动信息、能源、材料科学发展，带来新的产业革命。量子通信已经开始走向实用化，这将从根本上解决通信安全问题，同时将形成新兴通信产业。

还比如，人造生命。这几年，这个领域的研究发展很快。二○一○年第一个人造细菌细胞诞生，打破了生命和非生命的界限，为在实验室研究生命起源开辟了新途径。有的科学家认为，未来五至十年人造生命将创造出新的生命繁衍方式。这些不仅对人类认识生命本质具有重要意义，而且在医药、能源、材料、农业、环境等方面展现出巨大潜力和应用前景，也将给生命伦理带来全新挑战。

综合各方面材料看，未来十年，一些重要科技领域还将出现重大突破。宇宙起源、物质结构、生命演化、意识本质等基本科学问题方面的新认知新发现将引发科学知识体系的系统性创新，能源、材料、信息等领域多元群发的技术创新将带来重大产业创新甚至产业革命，海洋、空间、农业、人口健康等领域的科技进步将拓展人类生存发展空间，提高生活质量，促进可持续发展。

近年来，一些西方国家为保证其在科技方面的领先优势、掌握未来发展的主动权，纷纷加大了对科技创新的战略支持，实施了一系列科技战略和重大举措，目标都是要推进清洁能源革命，加速生物科技、纳米科技、先进制造发展，加快气候、交通、通信、安全等领域技术突破，推动空间应用、健康科技加快发展。

面对世界科技发展大势，我们必须树立雄心、奋起直追。必须看到，改革开放前三十年，我们更多依靠资源、资本、劳动力等要素投入支撑了经济快速增长和规模扩张。改革开放发展到今天，这些要素条件已经发生了很大变化，再要像过去那样以要素投入为主来谋求发展，既没有当初那样的条件，也是资源环境所难以承受的。转变经济发展方式，已经刻不容缓。

当今世界的综合国力竞争，说到底是科技实力竞争。我在今年全国两会政协科协科技界委员联组会上讲过，过去三十多年，我国发展主要靠引进上次工业革命的成果，基本是利用国外技术，早期是二手技术，后期是同步技术。如果现在仍采用这种思路，坐等跟踪，不仅差距会越拉越大，还将被长期锁定在产业分工格局的低端。

科技兴则民族兴，科技强则国家强。在人类文明发展进程中，我国科学技术曾有过历史的辉煌，但在近代我们落后了。封建统治者"雾里"看世界，夜郎自大，把先进科学技术视为"奇技淫巧"，采取不屑一顾的态度，结果很快被世界潮流甩在后面。落后就要挨打，这是历史铁律。

面对新形势新挑战，我们必须加快从要素驱动为主向创新驱动发展转变，发挥科技创新的支撑引领作用，推动实现有质量、有效益、可持续的发展。这是着眼全局、面向未来作出的重大战略调整，对我国未来发展具有十分重要的意义。

二

实现"两个一百年"的奋斗目标，实现中华民族伟大复兴的中国梦，必须推动我国科技事业加快发展。党中央对我国科技界寄予厚望。我国科技发展成就显著、态势喜人，但能否真正成为驱动我国经济社会发展的主要动力源，是我十分关注的问题。

我这次到中国科学院进行调研，就是想同大家一起，分析我国科技事业发展面临的新形势，找准突出矛盾，从国家和科技界两个层面寻找解决问题的办法。

正如我前面所说，长期以来，我国科技事业快速发展，取得举世瞩目的成就。为什么能够成功？我看，最重要的经验有三条。一是发挥社会主义制度优越性，集中力量办大事，抓重大、抓尖端、抓基本。二是坚持以提升创新能力为主线，把其作为科技事业发展的根本和关键。三是坚持人才为本，充分调动人才的积极性、主动性、创造性，出成果和出人才并举、科学研究和人才培养相结合。这些重要经验今天仍具有重要指导意义，我们要结合实际坚持好、运用好。

但不得不看到，我国科技事业发展确实存在不少突出矛盾，主要表现是"四个不相适应"。

一是科技发展水平与经济社会发展要求不相适应。我们科技创新能力还不够强，还没有成为产业技术的主要源头和关键核心技术的有效供给者，在发展战略性新兴产业的国际竞争中还没有真正占领科技制高点，保障和改善民生、保障国防安全还有大量科技问题亟待解决。

二是科技体制与科技快速发展要求不相适应。科技体制改革尽管取得重要成果，但一些重要问题仍需要进一步解决,如科技组织布局的合理分工和定位问题、科技评价导向和方法问题、科技投入分散重复和效率问题、政府管理缺位和越位问题等,企业技术创新主体地位还没有真正确立,以企业为主体、市场为导向、产学研紧密结合的技术创新体系还需要下大气力加以推进。

三是科技领域布局与发展要求不相适应。一些关系全局和长远发展的重点领域大而不强,一些可能发生新科技革命和产业革命的重要领域前瞻和先导布局不足,应用开发领域布局与经济社会发展需求脱节,新兴交叉学科领域未能得到应有重视。

四是科技人才队伍建设与人才强国要求不相适应。我国科技队伍规模是世界上最大的,主要问题是水平和结构,世界级科技大师缺乏,领军人才、尖子人才不足,工程技术人才培养与生产和创新实践脱节,人才政策需要完善,教育方面也需要进一步改革,以更好培养青少年的创新意识和能力。

首先,解决这些矛盾和问题,需要政府在体制和管理上采取切实举措。

一是要深化科技体制改革,坚决扫除阻碍科技创新能力提高的体制障碍,有力打通科技和经济转移转化的通道,优化科技政策供给,完善科技评价体系,营造良好创新环境。

二是要加强规划和重点支持,优先支持促进经济发展方式转变、开辟新的经济增长点的科技领域,重点突破制约我国经济社会可持续发展的瓶颈问题，加强新兴前沿交叉领域部署，筑牢科学基础。

三是要优化完善人才政策，最大限度调动科技人才创新积极性，尊重科技人才创新自主权，鼓励创新、宽容失败。

其次，解决这些矛盾和问题，更需要科技界共同努力。

一是要有强烈的创新自信。我们要引进和学习世界先进科技成果，更要走前人没有走过的路，努力在自主创新上大有作为。如果总是跟踪模仿，是没有出路的。我们必须着力提高自主创新能力，加快推进国家重大科技专项，深入推进知识创新和技术创新，增强原始创新、集成创新和引进消化吸收再创新能力，不断取得基础性、战略性、原创性的重大成果。

"学贵知疑，小疑则小进，大疑则大进。"要创新，就要有强烈的创新意识，凡事要有打破砂锅问到底的劲头，敢于质疑现有理论，勇于开拓新的方向，攻坚克难，追求卓越。

二是要有锐意改革的精神。大家在科技战线工作，对科技工作规律体会深刻，对科技发展存在的问题感同身受。希望大家勇于实践，共同破解科技体制改革难题，只要有利于科技创新、有利于促进发展、有利于人才成长，就要锐意改革。重点要推动创新体系协调发展，强化科技资源开放共享，进一步推动发展更多依靠创新驱动，把科技创新作为经济发展的内生动力，激发全社会创造活力，加快创新型国家建设，推动科技实力、经济实力、综合国力实现新的重大跨越。

三是要有强烈的爱国情怀。这是对我国科技人员第一位的要求。科学无国界，科学家有祖国。要热爱我们伟大的祖国，热爱我们伟大的人民，热爱我们伟大的中华民族，牢固树立创新科技、服务国家、造福人民的思想，继承中华民族"先天下之忧而忧，后天下之乐而乐"的传统美德，传承老一代科学家爱国奉献、淡泊名利的优良品质，把科学论文写在祖国大地上，把科技成果应用在实现国家现代化的伟大事业中，把人生理想融入为实现中华民族伟大复兴的中国梦的奋斗中。

破除一切束缚创新驱动发展的观念和体制机制障碍*

（二〇一三年九月三十日）

党的十八大作出了实施创新驱动发展战略的重大部署，强调科技创新是提高社会生产力和综合国力的战略支撑，必须摆在国家发展全局的核心位置。这是党中央综合分析国内外大势、立足国家发展全局作出的重大战略抉择，具有十分重大的意义。

科技兴则民族兴，科技强则国家强。重视科技的历史作用，是马克思主义的一个基本观点。恩格斯说："在马克思看来，科学是一种在历史上起推动作用的、革命的力量。"邓小平同志对科技作用的著名论断大家都很熟悉，就是"科学技术是第一生产力"。近代以来，中国屡屡被经济总量远不如我们的国家打败，为什么？其实，不是输在经济规模上，而是输在科技落后上。新中国成立以来特别是改革开放以来，我们取得了"两弹

---

* 这是习近平同志主持中共十八届中央政治局第九次集体学习时讲话的主要部分。

一星"、载人航天、载人深潜、超级计算等一系列重大科技突破，极大振奋了民族精神，极大提升了我国国际地位。

当前，从全球范围看，科学技术越来越成为推动经济社会发展的主要力量，创新驱动是大势所趋。新一轮科技革命和产业变革正在孕育兴起，一些重要科学问题和关键核心技术已经呈现出革命性突破的先兆。物质构造、意识本质、宇宙演化等基础科学领域取得重大进展，信息、生物、能源、材料和海洋、空间等应用科学领域不断发展，带动了关键技术交叉融合、群体跃进，变革突破的能量正在不断积累。国际金融危机发生以来，世界主要国家抓紧制定新的科技发展战略，抢占科技和产业制高点。这一动向值得我们高度关注。

历次产业革命都有一些共同特点：一是有新的科学理论作基础，二是有相应的新生产工具出现，三是形成大量新的投资热点和就业岗位，四是经济结构和发展方式发生重大调整并形成新的规模化经济效益，五是社会生产生活方式有新的重要变革。这些要素，目前都在加快积累和成熟中。即将出现的新一轮科技革命和产业变革与我国加快转变经济发展方式形成历史性交汇，为我们实施创新驱动发展战略提供了难得的重大机遇。

机会稍纵即逝。面向未来，可以说，新科技革命和产业变革将是最难掌控但必须面对的不确定性因素之一，抓住了就是机遇，抓不住就是挑战。新科技革命和产业变革将重塑全球经济结构，就像体育比赛换到了一个新场地，如果我们还留在原来的场地，那就跟不上趟了。我们必须增强忧患意识，敏锐把握世界科技创新发展趋势，紧紧抓住和用好新一轮科技革命和产业变革的机遇，不能等待、不能观望、不能懈怠。

从国内看，创新驱动是形势所迫。我国经济总量已跃居世界第二位，社会生产力、综合国力、科技实力迈上了一个新的大台阶。同时，我国发展中不平衡、不协调、不可持续问题依然突出，人口、资源、环境压力越来越大。我国现代化涉及十几亿人，走全靠要素驱动的老路难以为继。物质资源必然越用越少，而科技和人才却会越用越多，因此我们必须及早转入创新驱动发展轨道，把科技创新潜力更好释放出来。

在一些科技领域，我国正在由"跟跑者"变为"同行者"，甚至是"领跑者"。同时，我们也要清醒地看到，中国在发展，世界也在发展。与发达国家相比，我国科技创新的基础还不牢固，创新水平还存在明显差距，在一些领域差距非但没有缩小，反而有扩大趋势。国际科技竞争，犹如逆水行舟，不进则退啊！

还有一点要注意，就是我国现代化同西方发达国家有很大不同。西方发达国家是一个"串联式"的发展过程，工业化、城镇化、农业现代化、信息化顺序发展，发展到目前水平用了二百多年时间。我们要后来居上，把"失去的二百年"找回来，决定了我国发展必然是一个"并联式"的过程,工业化、信息化、城镇化、农业现代化是叠加发展的。改革开放三十五年来,我国发展的很多方面走过了西方发达国家上百年甚至数百年的发展历程,科技在其中发挥了重要作用。我们要推动新型工业化、信息化、城镇化、农业现代化同步发展,也必须充分发挥科技进步和创新的作用。

现在,我国已经建立起完整的学科体系,拥有丰富的科技人力资源,我们完全有条件有能力跟上世界新的科技革命和产业变革步伐,进入创新型国家行列。实施创新驱动发展战略决定着中华民族前途命运。没有强大的科技,"两个翻番"、"两个一百年"的奋斗目标难以顺利达成,中国梦这篇大文章难以顺利写下去,我们也难以从大国走向强国。全党全社会都要充分认识科技创新的巨大作用,把创新驱动发展作为面向未来的一项重大战略,常抓不懈。

实施创新驱动发展战略是一项系统工程,涉及方方面面的工作,需要做的事情很多。最为紧迫的是要进一步解放思想,加快科技体制改革步伐,破除一切束缚创新驱动发展的观念和体制机制障碍。当前,要紧紧围绕以下几方面开展工作。

第一,着力推动科技创新与经济社会发展紧密结合。科研和经济联系不紧密问题,是多年来的一大痼疾。这个问题解决不好,科研和经济始终是"两张皮",科技创新效率就很难有一个大的提高。科技创新绝不仅仅是实验室里的研究，而是必须将科技创新成果转化为推动经济社会发展的现实动力。

解决这一问题根本上要靠改革，关键是要处理好政府和市场的关系。实践证明，产业变革具有技术路线和商业模式多变等特点，必须通过深化改革，让市场真正成为配置创新资源的力量，让企业真正成为技术创新的主体。特别是要培育公平的市场环境，发挥好中小微企业应对技术路线和商业模式变化的独特优势，通过市场筛选把新兴产业培育起来。同时，政府要管好该管的，在关系国计民生和产业命脉的领域，政府要积极作为，加强支持和协调，总体确定技术方向和路线，用好国家科技重大专项和重大工程等抓手，集中力量抢占制高点。

深化科技体制改革这篇文章怎么做？要在借鉴国内外经验和广泛征求各方面意见的基础上，抓紧组织研究。改革的目标只有一个，那就是要进一步打通科技和经济社会发展之间的通道。

第二，着力增强自主创新能力。实施创新驱动发展战略，关键是大幅提高自主创新能力，努力掌握关键核心技术。我国与发达国家科技实力的差距，主要体现在创新能力上。这些年来，重引进、轻消化的问题还大量存在，形成了"引进——落后——再引进"的恶性循环。当今世界科学进步日新月异，技术更替周期越来越短。今天是先进技术，不久就可能不先进了。如果自主创新上不去，一味靠技术引进，就难以摆脱跟着别人后面跑、受制于人的局面。而且，关键技术是买不来的。

我们已经具备了自主创新的物质技术基础，当务之急是要加快改革步伐、健全激励机制、完善政策环境，从物质和精神两个方面激发科技创新的积极性和主动性。要把强化基础前沿研究、战略高技术研究和社会公益技术研究作为重大基础工程来抓，增强预见性和前瞻性，提高原始创新水平。要坚持科技面向经济社会发展的导向，围绕产业链部署创新链，围绕创新链完善资金链，消除科技创新中的"孤岛现象"，破除制约科技成果转移扩散的障碍，提升国家创新体系整体效能。特别是要加强创新驱动的组织整合。现在突出的问题是我们的科技计划、投入、管理分散，创新资源有些碎片化。关于创新体系怎么建，要认真考虑。项目出去了，钱也批出去了，到底怎么样？要评估分析。这个问题不解决，就会事倍功半，成效就会打折扣。

实施创新驱动发展战略，不能"脚踩西瓜皮，滑到哪儿算哪儿"，要抓好顶层设计和任务落实。顶层设计要有世界眼光，找准世界科技发展趋势，找准我国科技发展现状和应走的路径，把发展需要和现实能力、长远目标和近期工作统筹起来考虑，有所为有所不为，提出切合实际的发展方向、目标、工作重点。科技部要协调有关部门做好这项工作，动员科技界、产业界和社会各方面广泛参与。

有人认为，科技创新对经济社会发展是远水解不了近渴,结果是在实际工作中对科技工作说起来重要、干起来次要、忙起来不要。这种想法和做法必须纠正。很多科研也许是明天的工作,但今天不开始干,需要时就真的成"远水"了。

第三,着力完善人才发展机制。人才资源是第一资源,也是创新活动中最为活跃、最为积极的因素。要把科技创新搞上去,就必须建设一支规模宏大、结构合理、素质优良的创新人才队伍。我国一方面科技人才总量不少,另一方面又面临人才结构性不足的突出矛盾,特别是在重大科研项目、重大工程、重点学科等领域领军人才严重不足。解决这个矛盾,关键是要改革和完善人才发展机制。一是要用好用活人才,建立更为灵活的人才管理机制,完善评价这个指挥棒,打通人才流动、使用、发挥作用中的体制机制障碍,统筹加强高层次创新人才、青年科技人才、实用技术人才等方面人才队伍建设,最大限度支持和帮助科技人员创新创业。"千军易得,一将难求。"要大力造就世界水平的科学家、科技领军人才、卓越工程师、高水平创新团队。二是要深化教育改革,推进素质教育,创新教育方法,提高人才培养质量,努力形成有利于创新人才成长的育人环境。

要教育和引导广大科技人员特别是青年科技人员始终把国家和人民放在心上,增强责任感和使命感,勇于创新,报效祖国,把人生理想融入为实现中华民族伟大复兴的中国梦的奋斗中。

第四，着力营造良好政策环境。科技创新要取得突破，不仅需要基础设施等"硬件"支撑，更需要制度等"软件"保障。近年来，我国科技"硬件"条件得到很大改善，而"软件"环境改善则相对滞后。要加大政府科技投入力度，引导企业和社会增加研发投入。要加强知识产权保护工作，依法惩治侵犯知识产权和科技成果的违法犯罪行为。要完善推动企业技术创新的税收政策，激励企业开展各类创新活动。要引导金融机构加强和改善对企业技术创新的金融服务，加大资本市场对科技型企业的支持力度。

第五，着力扩大科技开放合作。我们强调自主创新，绝不是要关起门来搞创新。在经济全球化深入发展的大背景下，创新资源在世界范围内加快流动，各国经济科技联系更加紧密，任何一个国家都不可能孤立依靠自己力量解决所有创新难题。要深化国际交流合作，充分利用全球创新资源，在更高起点上推进自主创新，并同国际科技界携手努力，为应对全球共同挑战作出应有贡献。

给农业插上科技的翅膀*

（二〇一三年十一月二十七日）

农业的出路在现代化，农业现代化的关键在科技进步和创新。我国拥有悠久的农耕文明，具有农业集约经营的传统。近代以来，由于人口压力陡然加大，边际土地不断得到使用，大量森林和草原被毁、湖泊被围、坡地被垦。随着工业化、城镇化不断推进，实际使用的耕地面积不断减少，农业劳动力总量不断下降，农业增长必须更多依靠技术进步、走内涵式发展道路。

当前，我国农业科技进步贡献率虽然提高到百分之五十以上，但发达国家普遍在百分之七十以上；我国主要农作物耕种收综合机械化率也达到百分之五十多，但发达国家早已实现全程机械化；我国农田灌溉水利用系数、化肥农药有效利用率、饲料转化率等也都有很大提升空间。我们必须比以往任何时候都更加重视和依靠农业科技进步，化解耕地资源不足、水资源约束、环境压力、气候变化影响、应对农业劳动力老龄化等突出矛盾。

---

* 这是习近平同志在山东省农科院同有关方面代表座谈时的讲话要点的一部分。

矛盾和问题是科技创新的导向，解决瓶颈制约始终是农业技术进步的主攻方向。要适应资源禀赋和发展阶段的变化适时调整农业技术进步路线。长期以来，我国对提高土地产出率的农业技术非常重视，取得了显著成效。需要注意的是，随着农业劳动力逐步转移、农业生态环境问题日趋严峻、全社会对农产品质量安全重视程度不断提高，我们应该走更加均衡的农业技术进步道路，在提高土地产出率、资源利用率、劳动生产率之间把握好平衡关系。要按照增产增效并重、良种良法配套、农机农艺结合、生产生态协调的原则，促进农业技术集成化、劳动过程机械化、生产经营信息化、安全环保法治化，加快构建适应高产、优质、高效、生态、安全农业发展要求的技术体系。

这里，我要强调的是，我国目前存在着农村劳动力转移就业和农业劳动力素质结构性下降的矛盾。农村劳动力走了两亿多人，还留下两亿多，虽然总量仍有富余，但农业劳动力素质明显下降，农业兼业化、农民老龄化、农村空心化状况日益明显。据调查，许多地方留乡务农的大都是妇女和五六十岁的老人，同时，新生代农民工不愿务农、不会种地。今后"谁来种地"问题将日益突出。农业农村人才是强农兴农的根本。要加强农业科技人才队伍建设，重点是提升基层农技人员素质，着力培育一大批种田能手、农机作业能手、科技带头人、农业营销人才、农业经营人才等。

加强产学研深度融合，
提升创新体系整体效能[*]

（二〇一三年十二月——二〇二二年九月）

一

要创造环境，使企业真正成为创新主体。在一般性产业中，发展哪些行业或选择何种技术路线应该由企业决定，政府不要大包大揽，不该管也管不好的事就不要管。政府要集中力量抓好少数战略性、全局性、前瞻性的重大创新项目。政府要做好加强知识产权保护、完善促进企业创新的税收政策等工作。要强化激励，用好人才，使发明者、创新者能够合理分享创新收益。要加快建立主要由市场评价技术创新成果的机制，打破阻碍技术成果转化的瓶颈，使创新成果加快转化为现实生产力。

（二〇一三年十二月十日在中央经济工作会议上的讲话）

---

[*] 这是习近平同志二〇一三年十二月至二〇二二年九月期间文稿中有关加强产学研深度融合，提升创新体系整体效能内容的节录。

二

企业持续发展之基、市场制胜之道在于创新，各类企业都要把创新牢牢抓住，不断增加创新研发投入，加强创新平台建设，培养创新人才队伍，促进创新链、产业链、市场需求有机衔接，争当创新驱动发展先行军。

（二〇一五年五月二十五日至二十七日在浙江调研时的讲话）

三

创新作为企业发展和市场制胜的关键，核心技术不是别人赐予的，不能只是跟着别人走，而必须自强奋斗、敢于突破。创新人才犹如优秀种子，很是难得，要大力培养。年轻一代要有历史机遇感、责任感、使命感，努力在创新上脱颖而出。希望科技型企业及时跟踪世界前沿动态，加强技术研发与合作，不断攻克高精尖难题，形成能随时掌握主动权的技术优势，并把技术优势转化为产品优势、效益优势，多为行业争光、为国家争光。

（二〇一六年一月四日至六日在重庆调研时的讲话）

四

要突出应用导向，加快建设国家实验室，鼓励企业加大研发投入，加强关键核心技术研发，支持产学研紧密结合，重视人才培养，加快先进科学技术转化为现实生产力。

（二〇一六年十二月十四日在中央经济工作会议上的讲话）

五

核心竞争力是企业在市场竞争中的制胜法宝，国有企业必须培育和形成自身的核心竞争力。培育核心竞争力，关键靠创新。企业掌握了一流技术，传统产业可以变为朝阳产业，老树可以发新枝。国有企业要争当创新驱动发展先行军，加大研发投入，整合创新资源，重点突破具有重大支撑和引领作用的关键技术。要完善人才培养、引进、使用体制政策，以更加开放的视野引进和集聚人才，加快培育具有较强创新精神和创新能力的企业科技人才队伍，用人才和创新支撑国有企业发展。

（二〇一七年三月七日在参加十二届全国人大五次会议辽宁代表团审议时的讲话）

六

科技创新是提高供给质量和水平最重要的发力点。要强化要素投入和政策配套，推动产学研一体化，真正把企业、科研单位特别是广大科研人员的积极性和创造性激发出来，让他们既有科技创新的成就感，又有成果转化收益分享的获得感。

（二〇一七年六月二十一日至二十三日在山西考察工作时的讲话）

七

创新创造创业离不开中小企业，我们要为民营企业、中小企业发展创造更好条件。各级党委和政府要贯彻党中央关于支持民营企业、中小企业发展的政策措施，在政策、融资、营商环境等方面帮它们解决实际困难，也希望民营企业、中小企业聚焦主业，加强自主创新、练好内功，努力实现新的发展，为祖国强大和人民幸福作出更大贡献。

（二〇一八年十月二十二日至二十五日在广东考察时的讲话）

八

要认真落实党中央关于科技创新的战略部署和政策措施，加强基础研究和应用基础研究，提升原始创新能力，注重发挥企业主体作用，加强知识产权保护，尊重创新人才，释放创新活力，培育壮大新兴产业和创新型企业，加快科技成果转化，提升创新体系整体效能。

（二〇一八年十一月六日、七日在上海考察时的讲话）

九

创新是引领发展的第一动力。"富有之谓大业，日新之谓盛德。"企业家创新活动是推动企业创新发展的关键。美国的爱迪生、福特，德国的西门子，日本的松下幸之助等著名企业家都既是管理大师，又是创新大师。改革开放以来，我国经济发展取得举世瞩目的成就，同广大企业家大力弘扬创新精神是分不开的。创新就要敢于承担风险。敢为天下先是战胜风险挑战、实现高质量发展特别需要弘扬的品质。大疫当前，百业艰难，但危中有机，唯创新者胜。企业家要做创新发展的探索者、组织者、引领者，勇于推动生产组织创新、技术创新、市场创新，重视技术研发和人力资本投入，有效调动员工创造力，努力把企业打造成为强大的创新主体，在困境中实现凤凰涅槃、浴火重生。

（二〇二〇年七月二十一日在企业家座谈会上的讲话）

十

提升自主创新能力，尽快突破关键核心技术，是构建新发展格局的一个关键问题。我国高校要勇挑重担，释放高校基础研究、科技创新潜力，聚焦国家战略需要，瞄准关键核心技术特别是"卡脖子"问题，加快技术攻关。要支持"双一流"建设高校加强科技创新工作，依托高水平大学布局建设一批研究设施，推进产学研一体化。

（二〇二〇年九月二十二日在教育文化卫生体育领域专家代表座谈会上的讲话）

十一

一流大学是基础研究的主力军和重大科技突破的策源地，要完善以健康学术生态为基础、以有效学术治理为保障、以产生一流学术成果和培养一流人才为目标的大学创新体系，勇于攻克"卡脖子"的关键核心技术，加强产学研深度融合，促进科技成果转化。

（二〇二一年四月十九日在清华大学考察时的讲话）

十二

要发挥我国社会主义制度能够集中力量办大事的显著优势，强化党和国家对重大科技创新的领导，充分发挥市场机制作用，围绕国家战略需求，优化配置创新资源，强化国家战略科技力量，大幅提升科技攻关体系化能力，在若干重要领域形成竞争优势、赢得战略主动。

（二〇二二年九月六日在中央全面深化改革委员会第二十七次会议上的讲话）

十三

中小企业联系千家万户，是推动创新、促进就业、改善民生的重要力量。希望专精特新中小企业聚焦主业，精耕细作，在提升产业链供应链稳定性、推动经济社会发展中发挥更加重要的作用。各级党委和政府要坚决贯彻落实党中央决策部署，为中小企业发展营造良好环境，加大对中小企业支持力度，坚定企业发展信心，着力在推动企业创新上下功夫，加强产权保护，激发涌现更多专精特新中小企业。

（二〇二二年九月八日致二〇二二全国专精特新中小企业发展大会的贺信）

实现种业科技自立自强、种源自主可控[*]

（二〇一三年十二月——二〇二二年十二月）

一

农民说，"好儿要好娘，好种多打粮"，"种地不选种，累死落个空"。要下决心把民族种业搞上去，抓紧培育具有自主知识产权的优良品种，从源头上保障国家粮食安全。一粒种子可以改变一个世界，一项技术能够创造一个奇迹。要舍得下气力、增投入，注重创新机制、激发活力，着重解决好科研和生产"两张皮"问题，真正让农业插上科技的翅膀。

（二〇一三年十二月二十三日在中央农村工作会议上的讲话）

---

[*] 这是习近平同志二〇一三年十二月至二〇二二年十二月期间讲话中有关实现种业科技自立自强、种源自主可控内容的节录。

二

转基因是一项新技术，也是一个新产业，具有广阔发展前景。作为一个新生事物，社会对转基因技术有争论、有疑虑，这是正常的。对这个问题，我强调两点：一是要确保安全，二是要自主创新。也就是说，在研究上要大胆，在推广上要慎重。转基因农作物产业化、商业化推广，要严格按照国家制定的技术规程规范进行，稳扎稳打，确保不出闪失，涉及安全的因素都要考虑到。要大胆研究创新，占领转基因技术制高点，不能把转基因农产品市场都让外国大公司占领了。

（二〇一三年十二月二十三日在中央农村工作会议上的讲话）

三

十几亿人口要吃饭，这是我国最大的国情。良种在促进粮食增产方面具有十分关键的作用。要下决心把我国种业搞上去，抓紧培育具有自主知识产权的优良品种，从源头上保障国家粮食安全。海南热带农业资源十分丰富、十分宝贵。国家南繁科研育种基地是国家宝贵的农业科研平台，一定要建成集科研、生产、销售、科技交流、成果转化为一体的服务全国的"南繁硅谷"。

(二〇一八年四月十一日至十三日在海南考察时的讲话)

四

近些年,我国种业有很大进步,水稻和小麦品种可以做到自给,但总体形势依然严峻。种业企业综合竞争力不强,国产种业研发能力同国外差距较大,部分种子大量依赖国外进口,一旦国外种子断供,我国部分农产品可能面临无优质种子可用、种质退化、影响供给安全等难题。此外,假冒伪劣种子乱象滋生,许多本土优质品种还在快速消失,非法国外种子扩散等问题时有发生。要把种源安全提升到关系国家安全的战略高度,加强种质资源保护和利用,加强种子库建设。要尊重科学、严格监管,有序推进生物育种产业化应用。要对育种基础性研究以及重点育种项目给予长期稳定支持,开展种源"卡脖子"技术攻关,立志打一场种业翻身仗。

(二〇二〇年十二月十六日在中央经济工作会议上的讲话)

五

要坚持农业科技自立自强,加快推进农业关键核心技术攻关。我反复思考，感到有一条必须明确，就是农业现代化，种子是基础。我在这次中央经济工作会议上专门强调了这个问题。这设备那设备，这条件那条件，没有良种难以实现农业现代化！大豆等种子讲了多少年，但突破进度还是很不理想。要拿出攻破"卡脖子"技术的干劲，明确方向和目标，加快实施农业生物育种重大科技项目，早日实现重要农产品的种源自主可控。有关部门要在严格监管、风险可控前提下，加快推进生物育种研发应用。

（二〇二〇年十二月二十八日在中央农村工作会议上的讲话）

六

农业现代化，种子是基础，必须把民族种业搞上去，把种源安全提升到关系国家安全的战略高度，集中力量破难题、补短板、强优势、控风险，实现种业科技自立自强、种源自主可控。

（二〇二一年七月九日在中央全面深化改革委员会第二十次会议上的讲话）

七

解决吃饭问题，根本出路在科技。我国农业科技进步有目共睹,但也存在短板,其中最大的短板就是种子。种源安全关系到国家安全,必须下决心把我国种业搞上去,实现种业科技自立自强、种源自主可控。要发挥我国制度优势,科学调配优势资源,推进种业领域国家重大创新平台建设,加强基础性前沿性研究,加强种质资源收集、保护和开发利用,加快生物育种产业化步伐。要深化农业科技体制改革,强化企业创新主体地位,健全品种审定和知识产权保护制度,以创新链建设为抓手推动我国种业高质量发展。

(二○二二年三月六日在参加全国政协十三届五次会议农业界、社会福利和社会保障界委员联组会时的讲话)

八

中国人的饭碗要牢牢端在自己手中,就必须把种子牢牢攥在自己手里。要围绕保障粮食安全和重要农产品供给集中攻关,实现种业科技自立自强、种源自主可控,用中国种子保障中国粮食安全。要继承和发扬老一辈农业科研工作者胸怀祖国、服务人民的优秀品质,拿出十年磨一剑的劲头,勇攀农业科技高峰。

(二○二二年四月十日至十三日在海南考察时的讲话)

九

当前，我国农业科技创新整体迈进了世界第一方阵，但农业科技进步贡献率同世界先进水平相比还有不小的差距。我们的资源就那么多，超大规模市场对农产品的需求又不断增长，现在比以往任何时候都更加需要重视和依靠农业科技创新，不仅要立志补上短板弱项，还要立志发挥后发优势、实现"弯道超车"。要紧盯世界农业科技前沿，大力提升我国农业科技水平，加快实现高水平农业科技自立自强。

农业科技创新要着力提升创新体系整体效能，解决好各自为战、低水平重复、转化率不高等突出问题。要以农业关键核心技术攻关为引领，以产业急需为导向，聚焦底盘技术、核心种源、关键农机装备、合成药物、耕地质量、农业节水等领域，发挥新型举国体制优势，整合各级各类优势科研资源，强化企业科技创新主体地位，构建梯次分明、分工协作、适度竞争的农业科技创新体系。要打造国家农业科技战略力量，支持农业领域重大创新平台建设。农业科技创新周期相对较长，要舍得下力气、增投入，给予长期稳定的支持。

（二〇二二年十二月二十三日在中央农村工作会议上的讲话）

努力把我国建设成为网络强国[*]

(二〇一四年二月二十七日)

网络安全和信息化是事关国家安全和国家发展、事关广大人民群众工作生活的重大战略问题,要从国际国内大势出发,总体布局,统筹各方,创新发展,努力把我国建设成为网络强国。

当今世界,信息技术革命日新月异,对国际政治、经济、文化、社会、军事等领域发展产生了深刻影响。信息化和经济全球化相互促进,互联网已经融入社会生活方方面面,深刻改变了人们的生产和生活方式。我国正处在这个大潮之中,受到的影响越来越深。我国互联网和信息化工作取得了显著发展成就,网络走入千家万户,网民数量世界第一,我国已成为网络大国。同时也要看到,我们在自主创新方面还相对落后,区域和城乡差异比较明显,特别是人均带宽与国际先进水平差距较大,国内互联网发展瓶颈仍然较为突出。

网络安全和信息化对一个国家很多领域都是牵一发

---

[*] 这是习近平同志在中央网络安全和信息化领导小组第一次会议上讲话的要点。

而动全身的，要认清我们面临的形势和任务，充分认识做好工作的重要性和紧迫性，因势而谋，应势而动，顺势而为。网络安全和信息化是一体之两翼、驱动之双轮，必须统一谋划、统一部署、统一推进、统一实施。做好网络安全和信息化工作，要处理好安全和发展的关系，做到协调一致、齐头并进，以安全保发展、以发展促安全，努力建久安之势、成长治之业。

做好网上舆论工作是一项长期任务，要创新改进网上宣传，运用网络传播规律，弘扬主旋律，激发正能量，大力培育和践行社会主义核心价值观，把握好网上舆论引导的时、度、效，使网络空间清朗起来。

网络信息是跨国界流动的，信息流引领技术流、资金流、人才流，信息资源日益成为重要生产要素和社会财富，信息掌握的多寡成为国家软实力和竞争力的重要标志。信息技术和产业发展程度决定着信息化发展水平，要加强核心技术自主创新和基础设施建设，提升信息采集、处理、传播、利用、安全能力，更好惠及民生。

没有网络安全就没有国家安全，没有信息化就没有现代化。建设网络强国，要有自己的技术，有过硬的技术；要有丰富全面的信息服务，繁荣发展的网络文化；要有良好的信息基础设施，形成实力雄厚的信息经济；要有高素质的网络安全和信息化人才队伍；要积极开展双边、多边的互联网国际交流合作。建设网络强国的战略部署要与"两个一百年"奋斗目标同步推进，向着网络基础设施基本普及、自主创新能力显著增强、信息经济全面发展、网络安全保障有力的目标不断前进。

要制定全面的信息技术、网络技术研究发展战略，下大气力解决科研成果转化问题。要出台支持企业发展的政策，让他们成为技术创新主体，成为信息产业发展主体。要抓紧制定立法规划，完善互联网信息内容管理、关键信息基础设施保护等法律法规，依法治理网络空间，维护公民合法权益。

建设网络强国，要把人才资源汇聚起来，建设一支政治强、业务精、作风好的强大队伍。"千军易得，一将难求"，要培养造就世界水平的科学家、网络科技领军人才、卓越工程师、高水平创新团队。

中央网络安全和信息化领导小组要发挥集中统一领导作用，统筹协调各个领域的网络安全和信息化重大问题，制定实施国家网络安全和信息化发展战略、宏观规划和重大政策，不断增强安全保障能力。

使我国成为现代装备制造大国和强国[*]

（二〇一四年五月——二〇二一年四月）

一

装备制造业是一个国家制造业的脊梁，目前我国装备制造业还有许多短板，要加大投入、加强研发、加快发展，努力占领世界制高点、掌控技术话语权，使我国成为现代装备制造业大国。一个地方、一个企业，要突破发展瓶颈、解决深层次矛盾和问题，根本出路在于创新，关键要靠科技力量。要加快构建以企业为主体、市场为导向、产学研相结合的技术创新体系，加强创新人才队伍建设，搭建创新服务平台，推动科技和经济紧密结合，努力实现优势领域、共性技术、关键技术的重大突破，推动中国制造向中国创造转变、中国速度向中国质量转变、中国产品向中国品牌转变。

（二〇一四年五月九日、十日在河南考察时的讲话）

---

[*] 这是习近平同志二〇一四年五月至二〇二一年四月期间文稿中有关使我国成为现代装备制造大国和强国内容的节录。

二

高铁是我国装备制造的一张亮丽的名片,成为我国对外经济技术合作的"抢手货",要抓住机遇、乘势而上。要把装备制造业作为重要产业,加大投入和研发力度,奋力抢占世界制高点、掌控技术话语权,使我国成为现代装备制造大国和强国。

(二〇一五年七月十六日至十八日在吉林调研时的讲话)

三

党中央作出组建中国航空发动机集团公司的决策,是从富国强军战略高度出发,对深化国有企业改革、推进航空工业体制改革采取的重大举措。希望你们牢记使命、牢记责任,坚持国家利益至上,坚持军民深度融合发展,坚持实施创新驱动战略,大胆创新,锐意改革,脚踏实地,勇攀高峰,加快实现航空发动机及燃气轮机自主研发和制造生产,为把我国建设成为航空强国而不懈奋斗。

(二〇一六年八月对中国航空发动机集团公司成立作出的指示)

四

必须始终高度重视发展壮大实体经济，抓实体经济一定要抓好制造业。装备制造业是制造业的脊梁，要加大投入、加强研发、加快发展，努力占领世界制高点、掌控技术话语权，使我国成为现代装备制造业大国。创新是企业核心竞争力的源泉，很多核心技术是求不到、买不来的。落实党的十九大关于推动经济发展质量变革、效率变革、动力变革的重大决策，实现中国制造向中国创造转变、中国速度向中国质量转变、中国产品向中国品牌转变，必须有信心、有耐心、有定力地抓好自主创新。国有企业要成为深化供给侧结构性改革的生力军，瞄准国际标准提高发展水平，促进我国产业迈向全球价值链中高端。

（二〇一七年十二月十二日、十三日在江苏徐州市考察时的讲话）

五

装备制造业的芯片，相当于人的心脏。心脏不强，体量再大也不算强。要加快在芯片技术上实现重大突破，勇攀世界半导体存储科技高峰。

（二〇一八年四月二十四日至二十八日在湖北考察时

的讲话）

六

制造业特别是装备制造业高质量发展是我国经济高质量发展的重中之重，是一个现代化大国必不可少的。现在，国际上单边主义、贸易保护主义上升，我们必须坚持走自力更生的道路。中国要发展，最终要靠自己。

（二〇一八年九月二十五日至二十八日在东北三省考察并主持召开深入推进东北振兴座谈会时的讲话）

七

推动我国汽车制造业高质量发展，必须加强关键核心技术和关键零部件的自主研发，实现技术自立自强，做强做大民族品牌。当今世界制造业竞争激烈，要抢抓机遇，大力发展战略性新兴产业，实现弯道超车。

（二〇二〇年七月二十二日至二十四日在吉林考察时的讲话）

八

制造业高质量发展是我国经济高质量发展的重中之重，建设社会主义现代化强国、发展壮大实体经济，都离不开制造业，要在推动产业优化升级上继续下功夫。只有创新才能自强、才能争先，要坚定不移走自主创新道路，把创新发展主动权牢牢掌握在自己手中。

（二〇二一年四月二十五日至二十七日在广西考察时的讲话）

加快向具有全球影响力的
科技创新中心进军[*]

（二〇一四年五月二十三日、二十四日）

当今世界，谁牵住了科技创新这个"牛鼻子"，谁走好了科技创新这步先手棋，谁就能占领先机、赢得优势。我国经济总量已跃居世界第二位，同时发展中不平衡、不协调、不可持续问题依然突出，人口、资源、环境压力越来越大，拼投资、拼资源、拼环境的老路已经走不通。老是在产业链条的低端打拼，老是在"微笑曲线"的底端摸爬，总是停留在附加值最低的制造环节而占领不了附加值高的研发和销售这两端，不会有根本出路。块头大不等于强，体重大不等于壮，虚胖不行。我们在国际上腰杆能不能更硬起来，能不能跨越"中等收入陷阱"，很大程度取决于科技创新能力的提升。科技创新这件事，等待观望不得，亦步亦趋不行，要有一万年太久、只争朝夕的紧迫感和劲头，快马加鞭予以推进。当然，科学发展是不可能一万年的事情朝夕就办

---

[*] 这是习近平同志在上海考察时讲话的一部分。

成的。

这次到上海来，看到一批有分量、有水平的自主创新成果。你们聚焦高端装备制造，加快培育战略性新兴产业，重点开展科技前瞻布局，一批代表国内最高水平、打破国际垄断的重大创新成果和产品相继涌现。你们以五年为一个单位上一个台阶，比我在上海工作时又有了很大的提升。希望你们继续发挥自身优势，立足国内、放眼全球，整合上海本地资源、整合国内资源，努力在推进科技创新、实施创新驱动发展战略方面走在全国前头、走到世界前列，加快向具有全球影响力的科技创新中心进军。工作中，要注意把握好以下几点。

第一，牢牢把握科技进步大方向。推进科技创新，首先要把方向搞清楚，否则花了很多钱、投入了很多资源，最后也难以取得好的成效。当前，新一轮科技革命正在孕育兴起，一些重要科学问题和关键核心技术已经呈现革命性突破的先兆，带动了关键技术交叉融合、群体跃进，变革突破的能量正在不断积累。未来五到十年，世界可能发生一系列重大科技事件，在互联网技术和其他学科的交叉应用方面已初见端倪，在基础科学研究方面也会出现重大变化。我们要瞄准世界科技前沿领域和顶尖水平，树立雄心，奋起直追，潮头搏浪，树立敢于同世界强手比拼的志气，着力增强自主创新能力，在科技资源上快速布局，力争在基础科技领域作出大的创新，在关键核心技术领域取得大的突破。我们在世界尖端水平上一定要有自信，这也源于我们道路、理论、制度和文化的自信。

第二，牢牢把握产业革命大趋势。科技革命必然引发产业革命。科技创新及其成果决不能仅仅落在经费上、填在表格里、发表在杂志上，而要面向经济社会发展主战场，转化为经济社会发展第一推动力，转化为人民福祉。要坚持产业化导向，加强行业共性基础技术研究，努力突破制约产业优化升级的关键核心技术，为转变经济发展方式和调整产业结构提供有力支撑。要以培育具有核心竞争力的主导产业为主攻方向，围绕产业链部署创新链，发展科技含量高、市场竞争力强、带动作用大、经济效益好的战略性新兴产业，把科技创新真正落到产业发展上。我昨天看大飞机项目时强调，中国要想当强国，一定要有自己的飞机制造业，要有自己的大飞机。要加大科技惠及民生力度，推动科技创新同民生紧密结合。要探索建立高效协同的创新体系，加快科技体制改革步伐，解决好"由谁来创新"、"动力哪里来"、"成果如何用"的三个基本问题，培育产学研结合、上中下游衔接、大中小企业协同的良好创新格局。

第三，牢牢把握集聚人才大举措。"功以才成，业由才广。"人才是创新的第一资源。没有人才优势，就不可能有创新优势、科技优势、产业优势。培养集聚人才，要有识才的眼光、用才的胆识、容才的雅量、聚才的良方，健全集聚人才、发挥人才作用的体制机制，创造人尽其才的政策环境。要发挥好现有人才作用，同时揽四方之才，择天下英才而用之。要加强科研院所和高等院校创新条件建设，完善知识产权运用和保护机制，激发科研人员创新活力，让各类人才的创新智慧竞相迸发。上海也是人才聚集地，许多人才政策都是很好的，这方面的经验要继续总结。

让工程科技造福人类、创造未来[*]

（二〇一四年六月三日）

女士们，先生们，朋友们：

在这个美好的时节，国际工程科技大会在北京隆重召开，这是世界工程科技界和中国工程科技界的一件盛事。我很高兴有机会同来自世界各地的工程科技专家学者见面，也很愿意聆听大家对工程科技发展、人类社会未来的高见。

首先，我谨代表中国政府和中国人民，并以我个人的名义，向大会的召开，表示衷心的祝贺！向出席大会的全体代表，表示诚挚的欢迎！向国际工程与技术科学院理事会会议的召开，表示衷心的祝贺！

工程科技与人类生存息息相关。温故而知新。回顾人类文明历史，人类生存与社会生产力发展水平密切相关，而社会生产力发展的一个重要源头就是工程科技。工程造福人类，科技创造未来。工程科技是改变世界的重要力量，它源于生活需要，又归于生活之中。历史证

---

[*] 这是习近平同志在北京举行的二〇一四年国际工程科技大会上的主旨演讲。

明，工程科技创新驱动着历史车轮飞速旋转，为人类文明进步提供了不竭动力源泉，推动人类从蒙昧走向文明、从游牧文明走向农业文明、工业文明，走向信息化时代。

古往今来，人类创造了无数令人惊叹的工程科技成果。古代工程科技创造的许多成果至今仍存在着，见证着人类文明编年史。如古埃及金字塔、古希腊帕提农神庙、古罗马斗兽场、印第安人太阳神庙、柬埔寨吴哥窟、印度泰姬陵等古代建筑奇迹，如中国的造纸术、火药、印刷术、指南针等重大技术创造和万里长城、都江堰、京杭大运河等重大工程，都是当时人类文明形成的关键因素和重要标志，都对人类文明发展产生了重大影响，都对世界历史演进具有深远意义。

近代以来，工程科技更直接地把科学发现同产业发展联系在一起，成为经济社会发展的主要驱动力。每一次产业革命都同技术革命密不可分。十八世纪，蒸汽机引发了第一次产业革命，导致了从手工劳动向动力机器生产转变的重大飞跃，使人类进入了机械化时代。十九世纪末至二十世纪上半叶，电机和化工引发了第二次产业革命，使人类进入了电气化、原子能、航空航天时代，极大提高了社会生产力和人类生活水平，缩小了国与国、地区与地区、人与人的空间和时间距离，地球变成了一个"村庄"。二十世纪下半叶，信息技术引发了第三次产业革命，使社会生产和消费从工业化向自动化、智能化转变，社会生产力再次大提高，劳动生产率再次大飞跃。工程科技的每一次重大突破，都会催发社会生产力的深刻变革，都会推动人类文明迈向新的更高的台阶。

新中国成立六十多年特别是改革开放三十多年来，中国经济社会快速发展，其中工程科技创新驱动功不可没。"两弹一星"、载人航天、探月工程等一批重大工程科技成就，大幅度提升了中国的综合国力和国际地位。三峡工程、西气东输、西电东送、南水北调、青藏铁路、高速铁路等一大批重大工程建设成功，大幅度提升了中国的基础工业、制造业、新兴产业等领域创新能力和水平，加快了中国现代化进程。农业科技、人口健康、资源环境、公共安全、防灾减灾等领域工程科技发展，大幅度提高了十三亿多中国人的生活水平和质量，使中国的面貌、中国人民的面貌发生了历史性变化。

时至今日，人类生活各个方面无不打上了工程科技的印记。从铁路横贯、大桥飞架、堤坝高筑、汽车奔驰、飞机穿梭、飞船遨游、巨舰破浪、通信畅通，到成千上万的各种机械、自动化生产线、电视、电话，再到洗衣机、冰箱、微波炉、空调、吸尘器等家用电器，工程科技给人类生产生活带来了空前便利。

进入本世纪以来，工程科技在人类社会发展中的角色愈益突出。我在浙江省工作了五年，亲历了全长三十六公里的杭州湾跨海大桥的修建。这一工程不仅促进了当地从交通末梢到交通枢纽的飞跃，更通过物流、资金流、信息流的汇聚和扩散影响了经济社会发展各个领域，促进了苏浙沪经济圈发展。可以说，当今世界，科学技术作为第一生产力的作用愈益凸显，工程科技进步和创新对经济社会发展的主导作用更加突出，不仅成为推动社会生产力发展和劳动生产率提升的决定性因素，而且成为推动教育、文化、体育、卫生、艺术等事业发展的重要力量。

女士们、先生们、朋友们！

对幸福生活的追求是推动人类文明进步最持久的力量。享有更好的教育、更稳定的工作、更满意的收入、更可靠的社会保障、更高水平的医疗卫生服务、更舒适的居住条件、更优美的生产生活环境，是中国人民和世界人民的共同梦想。

当前，世界多极化、经济全球化深入发展，文化多样化、社会信息化持续推进。粮食不足、资源短缺、能源紧张、环境污染、气候异常、人口膨胀、贫困、疾病流行、经济危机等诸多全球性难题，对人类生存和发展构成严峻挑战。

实现梦想、应对挑战、创造未来，动力从哪里来？只能从发展中来、从改革中来、从创新中来。地球上的物质资源必然越用越少，大量耗费物质资源的传统发展方式显然难以为继。面向未来，世界现代化人口将快速增长，如果大家依照现存资源消耗模式生活的话，那是不可想象的。中国拥有四千二百多万人的工程科技人才队伍，这是中国开创未来最可宝贵的资源。发展科学技术是人类应对全球挑战、实现可持续发展的战略选择。这一切，对工程科技进步和创新提出了新的使命。

一项工程科技创新，可以催生一个产业，可以影响乃至改变世界。袁隆平院士的团队发明了杂交水稻，促进中国粮食亩产提升到八百公斤以上，不仅为中国解决十三亿多人口吃饭问题作出了突出贡献，而且推广到印度、孟加拉国、印度尼西亚、巴基斯坦、埃及、马达加斯加、利比里亚等众多国家，使那些地方的水稻产量提高百分之十五至百分之二十，为人类保障粮食安全、减少贫困发挥了重要作用。

当今世界，新发现、新技术、新产品、新材料更新换代周期越来越短，工程科技创新成果层出不穷，社会经济发展的需求动力远远超出预测，人类创新潜能也远远超出想象。信息技术、生物技术、新能源技术、新材料技术等交叉融合正在引发新一轮科技革命和产业变革。这将给人类社会发展带来新的机遇。任何一个领域的重大工程科技突破，都可能为世界发展注入新的活力，引发新的产业变革和社会变革。

未来几十年，新一轮科技革命和产业变革将同人类社会发展形成历史性交汇，工程科技进步和创新将成为推动人类社会发展的重要引擎。信息技术成为率先渗透到经济社会生活各领域的先导技术，将促进以物质生产、物质服务为主的经济发展模式向以信息生产、信息服务为主的经济发展模式转变，世界正在进入以信息产业为主导的新经济发展时期。生物学相关技术将创造新的经济增长点，基因技术、蛋白质工程、空间利用、海洋开发以及新能源、新材料发展将产生一系列重大创新成果，拓展生产和发展空间，提高人类生活水平和质量。绿色科技成为科技为社会服务的基本方向，是人类建设美丽地球的重要手段。能源技术发展将为解决能源问题提供主要途径。

共创人类美好未来，是工程科技发展的强大动力，全球工程科技人员要切实承担起这个历史使命。

女士们、先生们、朋友们！

"一花独放不是春，百花齐放春满园。"今天，人类生活在同一个地球村，各国相互联系、相互依存、相互合作、相互促进的程度空前加深，国际社会日益成为一个你中有我、我中有你的命运共同体。中国人民和各国人民休戚与共，中国人民的梦想和各国人民的梦想紧紧相连。

现在，各国都在深入思考今后的发展前景。中国已经明确了今后一个时期的发展蓝图，我们的奋斗目标是，到二〇二〇年国内生产总值和城乡居民人均收入比二〇一〇年翻一番，全面建成小康社会；到本世纪中叶，建成富强民主文明和谐的社会主义现代化国家。中国正在全面深化改革，统筹推进经济、政治、文化、社会、生态文明等领域改革，努力破解发展难题，消除影响经济社会发展的体制机制障碍，不断为发展增添新动力。

中国是世界上最大的发展中国家，发展是解决中国所有问题的关键。要发展就必须充分发挥科学技术第一生产力的作用。我们把创新驱动发展战略作为国家重大战略，着力推动工程科技创新，实现从以要素驱动、投资规模驱动发展为主转向以创新驱动发展为主。我们将继续实施可持续发展战略，优化国土空间开发格局，全面促进资源节约，加大自然生态系统和环境保护力度，着力解决雾霾等一系列问题，努力建设天蓝地绿水净的美丽中国。我们将高度关注民生，着力解决人民的衣食住行、教育、医疗、养老等问题，让人民过上更好的日子。我们将承担负责任大国的使命，通过建设一个和平发展、蓬勃发展的中国，造福中国人民，造福世界人民，造福子孙后代。

女士们、先生们、朋友们！

工程科技的灵魂在于开放，在和平、发展、合作、共赢的时代潮流中，提高工程科技发展国际化水平已成为各国推动工程科技创新的普遍共识和重要手段，共享工程科技成果是推动共同发展、促进共同繁荣的重要途径。我们要通过加强国际工程科技合作，相互借鉴，相互启发，推动工程科技进步和创新，应对人类共同挑战，实现各国共同发展。

改革开放三十多年来，中国已经同一百五十多个国家和地区建立了科技合作关系，开展了广泛的工程科技人才交流，参与了国际热核聚变实验反应堆计划、人类基因组计划、伽利略计划等一大批反映当代工程科技前沿的重大科技工程，对中国经济社会发展和工程科技进步起到重要促进作用。

前不久，我到联合国教科文组织进行访问，同博科娃女士谈到了世界文明交流互鉴问题。联合国教科文组织在推动文明交流互鉴方面进行了不懈努力，在推动国与国、人与人增进理解、加强合作方面发挥了不可替代的作用。工程科技国际合作是推动人类文明进步的重要动力。国际工程与技术科学院理事会是国际工程科技界最重要的学术组织，在促进工程技术国际合作方面发挥了重要作用，有效促进了各国工程科技进步。中国工程院同各国开展了十分活跃的工程科技交流，取得了很好的效果。

在座各国代表和各位院士专家学者，是国际工程科技界的领军人才，是工程科技传播的使者、人才交流的纽带，你们为中国科技事业和现代化建设付出了心血、作出了贡献，中国政府和中国人民对此表示衷心的感谢！

中国人民热爱和平、渴望发展。中国将在更大范围深化工程科技领域国际交流合作，愿意同世界各国携手努力，共同解决问题，共同创造未来。我们将加强政府间工程科技战略合作，以更开放的胸怀支持工程科技国际交流合作。我们将加强半官方及民间工程科技合作，促进国内外科研机构、高等学校、科技学术组织、企业、城市、科学家个人的交流。我们将加强重大科技工程合作，继续参加或牵头开展对未来发展、人类健康、应对气候变化等更有利的国际大科技合作工程。我们将加强工程科技信息交流，同世界各国和国际性组织共同建立大型工程科技数据库、网络系统和虚拟研究中心等，促进实现信息共享、技术共享、资源共享。我们将加强工程科技人才培养，把国际交流合作作为聚集一流学者的重要平台，联合培养拔尖创新型工程科技人才。

工程科技是人类实现梦想的翅膀，承载着人类美好生活的向往，能够让明天充满希望、让未来更加辉煌。希望中外工程科技专家学者加强合作，共同为人类社会进步作出新的更大的贡献！

谢谢大家。

在中国科学院第十七次院士大会、中国工程院第十二次院士大会上的讲话

（二〇一四年六月九日）

各位院士，同志们，朋友们：

今天，群英荟萃，群贤毕至，中国科学院第十七次院士大会、中国工程院第十二次院士大会开幕了。有机会同大家见面，感到十分高兴。首先，我代表党中央、国务院，对两院院士大会的召开，表示衷心的祝贺！向两院院士和全国广大科技工作者，表示诚挚的问候！向前来参加会议的外籍院士和国际科学界的朋友们，表示热烈的欢迎！

中国科学院院士、中国工程院院士是我国科学技术界、工程技术界的杰出代表，是国家的财富、人民的骄傲、民族的光荣。长期以来，广大院士胸怀报国为民的理想追求，发扬不懈创新的科学精神，秉持淡泊名利的品德风范，聚焦国家战略需求，勇攀科学技术高峰，创造了举世瞩目的成就，为提高我国自主创新能力、增强我国综合国力，为推动我国科技进步、经济发展、人民生活水平提高、国防建设和优化国家决策作出了重大

贡献。

我看了不少两院的咨询报告和院士们的建议，从报告的字里行间，从建议的思考研究中，都能体会到院士们忧国忧民的情怀、求真务实的精神。大家为党和国家决策提供了重要依据。在此，我向各位院士表示衷心的感谢！

各位院士、同志们、朋友们！

今年是甲午年。甲午，对中国人民和中华民族具有特殊的含义，在我国近代史上也具有特殊的含义。回首我国近代史，中华民族遭受的苦难之重、付出的牺牲之大，在世界历史上是罕见的。面对厄运和苦难，中国人民没有屈服，奋起抗争，前仆后继，终于在中国共产党领导下找到了实现中华民族伟大复兴的正确道路，掌握了自己的命运。今天，我们比历史上任何时期都更接近中华民族伟大复兴的目标，比历史上任何时期都更有信心、有能力实现这个目标。而要实现这个目标，我们就必须坚定不移贯彻科教兴国战略和创新驱动发展战略，坚定不移走科技强国之路。

科技是国家强盛之基，创新是民族进步之魂。自古以来，科学技术就以一种不可逆转、不可抗拒的力量推动着人类社会向前发展。十六世纪以来，世界发生了多次科技革命，每一次都深刻影响了世界力量格局。从某种意义上说，科技实力决定着世界政治经济力量对比的变化，也决定着各国各民族的前途命运。

拿我国来说，中华民族是富有创新精神的民族。我们的先人们早就提出："周虽旧邦，其命维新。""天行健，君子以自强不息。""苟日新，日日新，又日新。"可以说，创新精神是中华民族最鲜明的禀赋。在五千多年文明发展进程中，中华民族创造了高度发达的文明，我们的先人们发明了造纸术、火药、印刷术、指南针，在天文、算学、医学、农学等多个领域创造了累累硕果，为世界贡献了无数科技创新成果，对世界文明进步影响深远、贡献巨大，也使我国长期居于世界强国之列。

然而，明代以后，由于封建统治者闭关锁国、夜郎自大，中国同世界科技发展潮流渐行渐远，屡次错失富民强国的历史机遇。鸦片战争之后，中国更是一次次被经济总量、人口规模、领土幅员远远不如自己的国家打败。历史告诉我们一个真理：一个国家是否强大不能单就经济总量大小而定，一个民族是否强盛也不能单凭人口规模、领土幅员多寡而定。近代史上，我国落后挨打的根子之一就是科技落后。

新中国成立以来，党中央高度重视科技事业，团结带领广大科技工作者和全国各族人民自力更生、艰苦奋斗，建立起全面独立的科研体系，形成了规模宏大的科学技术队伍，取得了一个又一个举世瞩目的科技成就。今天，"向科学进军"的伟大号召依然在我们的耳畔回响，"科学的春天"依然在祖国的天空上播洒阳光，科教兴国战略依然给我国科技事业发展提供着强大驱动。

"两弹一星"、多复变函数论、陆相成油理论、人工合成牛胰岛素等成就，高温超导、中微子物理、量子反常霍尔效应、纳米科技、干细胞研究、人类基因组测序等基础科学突破，超级杂交水稻、汉字激光照排、高性能计算机、三峡工程、载人航天、探月工程、移动通信、量子通讯、北斗导航、载人深潜、高速铁路、航空母舰等工程技术成果，为我国经济社会发展提供了坚强支撑，为国防安全作出了历史性贡献，也为我国作为一个有世界影响的大国奠定了重要基础。

各位院士、同志们、朋友们！

当前，全党全国各族人民正在为全面建成小康社会、实现中华民族伟大复兴的中国梦而团结奋斗。我们比以往任何时候都更加需要强大的科技创新力量。党的十八大作出了实施创新驱动发展战略的重大部署，强调科技创新是提高社会生产力和综合国力的战略支撑，必须摆在国家发展全局的核心位置。这是党中央综合分析国内外大势、立足我国发展全局作出的重大战略抉择。

进入二十一世纪以来，新一轮科技革命和产业变革正在孕育兴起，全球科技创新呈现出新的发展态势和特征。学科交叉融合加速，新兴学科不断涌现，前沿领域不断延伸，物质结构、宇宙演化、生命起源、意识本质等基础科学领域正在或有望取得重大突破性进展。信息技术、生物技术、新材料技术、新能源技术广泛渗透，带动几乎所有领域发生了以绿色、智能、泛在为特征的群体性技术革命。传统意义上的基础研究、应用研究、技术开发和产业化的边界日趋模糊,科技创新链条更加灵巧,技术更新和成果转化更加快捷,产业更新换代不断加快。科技创新活动不断突破地域、组织、技术的界限,演化为创新体系的竞争,创新战略竞争在综合国力竞争中的地位日益重要。科技创新,就像撬动地球的杠杆,总能创造令人意想不到的奇迹。当代科技发展历程充分证明了这个过程。

面对科技创新发展新趋势,世界主要国家都在寻找科技创新的突破口,抢占未来经济科技发展的先机。我们不能在这场科技创新的大赛场上落伍,必须迎头赶上、奋起直追、力争超越。

改革开放以来,我国经济社会发展取得了举世瞩目的成就,经济总量跃居世界第二,众多主要经济指标名列世界前列。同时,必须清醒地看到,我国经济规模很大、但依然大而不强,我国经济增速很快、但依然快而不优。主要依靠资源等要素投入推动经济增长和规模扩张的粗放型发展方式是不可持续的。现在,世界发达水平人口全部加起来是十亿人左右,而我国有十三亿多人,全部进入现代化,那就意味着世界发达水平人口要翻一番多。不能想象我们能够以现有发达水平人口消耗资源的方式来生产生活,那全球现有资源都给我们也不够用!老路走不通,新路在哪里?就在科技创新上,就在加快从要素驱动、投资规模驱动发展为主向以创新驱动发展为主的转变上。

前几天，我看了一份材料，说"机器人革命"有望成为"第三次工业革命"的一个切入点和重要增长点，将影响全球制造业格局，而且我国将成为全球最大的机器人市场。国际机器人联合会预测，"机器人革命"将创造数万亿美元的市场。由于大数据、云计算、移动互联网等新一代信息技术同机器人技术相互融合步伐加快，3D打印、人工智能迅猛发展，制造机器人的软硬件技术日趋成熟，成本不断降低，性能不断提升，军用无人机、自动驾驶汽车、家政服务机器人已经成为现实，有的人工智能机器人已具有相当程度的自主思维和学习能力。国际上有舆论认为，机器人是"制造业皇冠顶端的明珠"，其研发、制造、应用是衡量一个国家科技创新和高端制造业水平的重要标志。机器人主要制造商和国家纷纷加紧布局，抢占技术和市场制高点。看到这里，我就在想，我国将成为机器人的最大市场，但我们的技术和制造能力能不能应对这场竞争？我们不仅要把我国机器人水平提高上去，而且要尽可能多地占领市场。这样的新技术新领域还很多，我们要审时度势、全盘考虑、抓紧谋划、扎实推进。

各位院士、同志们、朋友们！

实施创新驱动发展战略，最根本的是要增强自主创新能力，最紧迫的是要破除体制机制障碍，最大限度解放和激发科技作为第一生产力所蕴藏的巨大潜能。面向未来，增强自主创新能力，最重要的就是要坚定不移走中国特色自主创新道路，坚持自主创新、重点跨越、支撑发展、引领未来的方针，加快创新型国家建设步伐。

经过多年努力，我国科技整体水平大幅提升，一些重要领域跻身世界先进行列，某些领域正由"跟跑者"向"并行者"、"领跑者"转变。我国进入了新型工业化、信息化、城镇化、农业现代化同步发展、并联发展、叠加发展的关键时期，给自主创新带来了广阔发展空间、提供了前所未有的强劲动力。

我多次讲过，中华民族伟大复兴绝不是轻轻松松就能实现的，我国越发展壮大，遇到的阻力和压力就会越大。从这个经验看，关键是时机和决断。历史的机遇往往稍纵即逝，我们正面对着推进科技创新的重要历史机遇，机不可失，时不再来，必须紧紧抓住。

我们有改革开放三十多年来积累的坚实物质基础，有持续创新形成的系列成果，实施创新驱动发展战略具备良好条件。因此，要下好先手棋，打好主动仗，对国家和民族具有重大战略意义的科技决策，想好了、想定了就要决断，不然就可能与历史机遇失之交臂，甚至可能付出更大代价。

二〇一三年三月，我在参加全国政协十二届一次会议科协、科技界委员联组讨论时讲过这样一个意思，就是从总体上看，我国科技创新基础还不牢，自主创新特别是原创力还不强，关键领域核心技术受制于人的格局没有从根本上改变。只有把核心技术掌握在自己手中，才能真正掌握竞争和发展的主动权，才能从根本上保障国家经济安全、国防安全和其他安全。不能总是用别人的昨天来装扮自己的明天。不能总是指望依赖他人的科技成果来提高自己的科技水平，更不能做其他国家的技术附庸，永远跟在别人的后面亦步亦趋。我们没有别的选择，非走自主创新道路不可。

实践告诉我们，自力更生是中华民族自立于世界民族之林的奋斗基点，自主创新是我们攀登世界科技高峰的必由之路。问题看到了，就要以时不我待的精神，快马加鞭改变这个局面。不能说了很多年，最后老是没有根本改变。当然，自主创新不是闭门造车，不是单打独斗，不是排斥学习先进，不是把自己封闭于世界之外。我们要更加积极地开展国际科技交流合作，用好国际国内两种科技资源。

科学技术是世界性的、时代性的，发展科学技术必须具有全球视野。当前，科技创新的重大突破和加快应用极有可能重塑全球经济结构，使产业和经济竞争的赛场发生转换。在传统国际发展赛场上，规则别人都制定好了，我们可以加入，但必须按照已经设定的规则来赛，没有更多主动权。抓住新一轮科技革命和产业变革的重大机遇，就是要在新赛场建设之初就加入其中，甚至主导一些赛场建设，从而使我们成为新的竞赛规则的重要制定者、新的竞赛场地的重要主导者。如果我们没有一招鲜、几招鲜，没有参与或主导新赛场建设的能力，那我们就缺少了机会。机会总是留给有准备的人的，也总是留给有思路、有志向、有韧劲的人们的。我国能否在未来发展中后来居上、弯道超车，主要就看我们能否在创新驱动发展上迈出实实在在的步伐。

李四光说过："科学的存在全靠它的新发现，如果没有新发现，科学便死了。"法国作家雨果说过："已经创造出来的东西比起有待创造的东西来说，是微不足道的。"我国科技发展的方向就是创新、创新、再创新。要高度重视原始性专业基础理论突破，加强科学基础设施建设，保证基础性、系统性、前沿性技术研究和技术研发持续推进，强化自主创新成果的源头供给。要积极主动整合和利用好全球创新资源，从我国现实需求、发展需求出发，有选择、有重点地参加国际大科学装置和科研基地及其中心建设和利用。要准确把握重点领域科技发展的战略机遇，选准关系全局和长远发展的战略必争领域和优先方向，通过高效合理配置，深入推进协同创新和开放创新，构建高效强大的共性关键技术供给体系，努力实现关键技术重大突破，把关键技术掌握在自己手里。

"聪者听于无声，明者见于未形。"科技创新永无止境。科技竞争就像短道速滑，我们在加速，人家也在加速，最后要看谁速度更快、谁的速度更能持续。荀子说："骐骥一跃，不能十步；驽马十驾，功在不舍。锲而舍之，朽木不折；锲而不舍，金石可镂。"意思是，骏马一跃，也不会达到十步；劣马跑十天，也能跑得很远；雕刻东西，如果刻了一下就放下，朽木也不会刻断；如果不停刻下去，金属和石头都可以雕空。我国广大科技工作者要敢于担当、勇于超越、找准方向、扭住不放，牢固树立敢为天下先的志向和信心，敢于走别人没有走过的路，在攻坚克难中追求卓越，勇于创造引领世界潮流的科技成果。

各位院士、同志们、朋友们！

实施创新驱动发展战略是一个系统工程。科技成果只有同国家需要、人民要求、市场需求相结合，完成从科学研究、实验开发、推广应用的三级跳，才能真正实现创新价值、实现创新驱动发展。

我一直在思考，为什么从明末清初开始，我国科技渐渐落伍了。有的学者研究表明，康熙曾经对西方科学技术很有兴趣，请了西方传教士给他讲西学，内容包括天文学、数学、地理学、动物学、解剖学、音乐，甚至包括哲学，光听讲解天文学的书就有一百多本。是什么时候呢？学了多长时间呢？早期大概是一六七〇年至一六八二年间，曾经连续两年零五个月不间断学习西学。时间不谓不早，学的不谓不多，但问题是当时虽然有人对西学感兴趣，也学了不少，却并没有让这些知识对我国经济社会发展起什么作用，大多是坐而论道、禁中清谈。一七〇八年，清朝政府组织传教士们绘制中国地图，后用十年时间绘制了科学水平空前的《皇舆全览图》，走在了世界前列。但是，这样一个重要成果长期被作为密件收藏内府，社会上根本看不见，没有对经济社会发展起到什么作用。反倒是参加测绘的西方传教士把资料带回了西方整理发表，使西方在相当长一个时期内对我国地理的了解要超过中国人。这说明了一个什么问题呢？就是科学技术必须同社会发展相结合，学得再多，束之高阁，只是一种猎奇，只是一种雅兴，甚至当作奇技淫巧，那就不可能对现实社会产生作用。

多年来，我国一直存在着科技成果向现实生产力转化不力、不顺、不畅的痼疾，其中一个重要症结就在于科技创新链条上存在着诸多体制机制关卡，创新和转化各个环节衔接不够紧密。就像接力赛一样，第一棒跑到了，下一棒没有人接，或者接了不知道往哪儿跑。

要解决这个问题，就必须深化科技体制改革，破除一切制约科技创新的思想障碍和制度藩篱，处理好政府和市场的关系，推动科技和经济社会发展深度融合，打通从科技强到产业强、经济强、国家强的通道，以改革释放创新活力，加快建立健全国家创新体系，让一切创新源泉充分涌流。

如果把科技创新比作我国发展的新引擎，那么改革就是点燃这个新引擎必不可少的点火系。我们要采取更加有效的措施完善点火系，把创新驱动的新引擎全速发动起来。

科技体制改革要紧紧扭住"硬骨头"攻坚克难，加快把党的十八届三中全会确定的科技体制改革各项任务落到实处。要着力把科技创新摆在国家发展全局的核心位置，加快制定创新驱动发展战略的顶层设计，对重大任务要有路线图和时间表。要着力从科技体制改革和经济社会领域改革两个方面同步发力，改革国家科技创新战略规划和资源配置体制机制，完善政绩考核体系和激励政策，深化产学研合作，加快解决制约科技成果转移转化的关键问题。要着力加强科技创新统筹协调，努力克服各领域、各部门、各方面科技创新活动中存在的分散封闭、交叉重复等碎片化现象，避免创新中的"孤岛现象"，加快建立健全各主体、各方面、各环节有机互动、协同高效的国家创新体系。要着力完善科技创新基础制度，加快建立健全国家科技报告制度、创新调查制度、国家科技管理信息系统，大幅提高科技资源开放共享水平。要着力围绕产业链部署创新链、围绕创新链完善资金链，聚焦国家战略目标，集中资源、形成合力，突破关系国计民生和经济命脉的重大关键科技问题。要着力加快完善基础研究体制机制，把基础前沿、关键共性、社会公益和战略高技术研究作为重大基础工程来抓，实施好国家重大科学计划和科学工程，加快在国际科学前沿领域抢占制高点。要着力以科技创新为核心，全方位推进产品创新、品牌创新、产业组织创新、商业模式创新，把创新驱动发展战略落实到现代化建设整个进程和各个方面。

在推进科技体制改革的过程中，我们要注意一个问题，就是我国社会主义制度能够集中力量办大事是我们成就事业的重要法宝。我国很多重大科技成果都是依靠这个法宝搞出来的，千万不能丢了！要让市场在资源配置中起决定性作用，同时要更好发挥政府作用，加强统筹协调，大力开展协同创新，集中力量办大事，抓重大、抓尖端、抓基本，形成推进自主创新的强大合力。

各位院士、同志们、朋友们！

"盖有非常之功，必待非常之人。"人是科技创新最关键的因素。创新的事业呼唤创新的人才。尊重人才，是中华民族的悠久传统。"思皇多士，生此王国。王国克生，维周之桢；济济多士，文王以宁。"这是《诗经·大雅·文王》中的话，说的是周文王尊贤礼士，贤才济济，所以国势强盛。千秋基业，人才为先。实现中华民族伟大复兴，人才越多越好，本事越大越好。我国是一个人力资源大国，也是一个智力资源大国，我国十三亿多人大脑中蕴藏的智慧资源是最可宝贵的。知识就是力量，人才就是未来。我国要在科技创新方面走在世界前列，必须在创新实践中发现人才、在创新活动中培育人才、在创新事业中凝聚人才，必须大力培养造就规模宏大、结构合理、素质优良的创新型科技人才。

我国科技队伍规模是世界上最大的，这是我们必须引以为豪的。但是，我们在科技队伍上也面对着严峻挑战，就是创新型科技人才结构性不足矛盾突出，世界级科技大师缺乏，领军人才、尖子人才不足，工程技术人才培养同生产和创新实践脱节。"一年之计，莫如树谷；十年之计，莫如树木；终身之计，莫如树人。"我们要把人才资源开发放在科技创新最优先的位置，改革人才培养、引进、使用等机制，努力造就一批世界水平的科学家、科技领军人才、工程师和高水平创新团队，注重培养一线创新人才和青年科技人才。

要按照人才成长规律改进人才培养机制，"顺木之天，以致其性"，避免急功近利、拔苗助长。要坚持竞争激励和崇尚合作相结合，促进人才资源合理有序流动。要广泛吸引海外优秀专家学者为我国科技创新事业服务。要在全社会积极营造鼓励大胆创新、勇于创新、包容创新的良好氛围，既要重视成功，更要宽容失败，完善好人才评价指挥棒作用，为人才发挥作用、施展才华提供更加广阔的天地。

未来总是属于年青人的。拥有一大批创新型青年人才，是国家创新活力之所在，也是科技发展希望之所在。"我劝天公重抖擞，不拘一格降人才。"广大院士不仅要做科技创新的开拓者，更要做提携后学的领路人。希望广大院士肩负起培养青年科技人才的责任，甘为人梯，言传身教，慧眼识才，不断发现、培养、举荐人才，为拔尖创新人才脱颖而出铺路搭桥。广大青年科技人才要树立科学精神、培养创新思维、挖掘创新潜能、提高创新能力，在继承前人的基础上不断超越。

各位院士、同志们、朋友们！

长期以来，我国院士制度在推动科技界出思想、出谋略、出成果、出人才方面发挥了重大作用。同时，我们也要看到，我国院士制度在实践过程中也存在一些社会关注、科技界反映较突出的问题，比如有时院士遴选受非学术因素干扰过多，有的地方和部门让院士称号承载了一些非学术的、带有明显功利性的负担，有的人把有多少院士当作出政绩的一个标志。如此等等，都背离了我国院士制度的本义，必须加以纠正。广大院士对这些现象也有意见。这些问题需要通过深化改革加以解决，使院士制度更加完善，真正守住学术性、荣誉性的本质。

根据广大院士和各方面意见，党的十八届三中全会提出了改革院士制度的要求，主要就是要突出学术导向，减少不必要的干预，改进和完善院士遴选机制、学科布局、年龄结构、兼职和待遇、退休退出制度等，以更好发挥广大院士作用，更好发现和培养拔尖人才，更好维护院士群体的荣誉和尊严，更好激励科技工作者特别是青年才俊的积极性和创造性。

两院院士在我国科技界拥有最高学术荣誉，在全社会具有高度关注度，一言一行对学术风气和社会风尚都有极大的影响。希望广大院士坚守学术操守和道德理念，把学问和人格融合在一起，既赢得崇高学术声望，又展示高尚人格风范。

马克思说:"科学绝不是一种自私自利的享乐,有幸能够致力于科学研究的人,首先应该拿自己的学识为人类服务。"这是一种很高的精神境界。长期以来,我国科技界涌现出许多受到人民爱戴的科学家,他们代表的是一种时代精神,影响的是一代又一代年轻人。今天,我们培育和践行社会主义核心价值观,需要两院院士发挥作用。希望广大院士善养浩然之气,发扬我国科技界爱国奉献、淡泊名利的优良传统,以身作则,严格自律,在攻坚克难、崇德向善中做到学为人师、行为世范,带动科技界乃至全社会践行社会主义核心价值观。

各级党委和政府要在政治上关怀院士、工作上支持院士、生活上关心院士,当好"后勤部长"。有关部门要加强相关政策保障,让包括院士在内的各类优秀人才在实施创新驱动发展战略中更好建功立业。

中国科学院、中国工程院是我国科学技术界和工程技术界最高学术机构,是国家科学技术思想库。两院要组织广大院士,围绕事关经济社会及科技发展的全局性问题,开展战略咨询研究,以科学咨询支撑科学决策,以科学决策引领科学发展。

各位院士、同志们、朋友们!

实施创新驱动发展战略,建设创新型国家,为实现"两个一百年"奋斗目标提供强大科技支撑,是时代赋予我国广大科技工作者的历史使命。希望同志们锐意进取、锐意创新,努力创造出无愧于时代的业绩,为实现中华民族伟大复兴作出新的更大的贡献!

加快推进能源技术革命[*]

（二〇一四年六月——二〇二一年十月）

一

推动能源技术革命，带动产业升级。就是要立足我国国情，紧跟国际能源技术革命新趋势，以绿色低碳为方向，分类推动技术创新、产业创新、商业模式创新，并同其他领域高新技术紧密结合，把能源技术及其关联产业培育成带动我国产业优化升级的新增长点。

（二〇一四年六月十三日在中央财经领导小组第六次会议上的讲话）

二

我们要深刻认识和把握能源技术变革趋势，高度重视能源技术变革的重大作用。确定能源技术开发应用的重点，要充分考虑资源条件、技术基础、环境容量、经

---

[*] 这是习近平同志二〇一四年六月至二〇二一年十月期间讲话中有关加快推进能源技术革命内容的节录。

济合理、国际合作可行性等因素，按照"三个一批"的路径，加快推进能源技术革命。

一是应用推广一批。要推动相对成熟、有需求、有市场、成本低的技术尽快实现产业化，从而有效提高现有能源生产和应用技术水平，如大型煤炭综采技术、超临界和超超临界燃煤发电技术、燃煤锅炉和窑炉污染物控制管理技术、余热余压利用和热泵技术、高效锅炉和高效电机、节能电器和绿色照明、城市轨道交通、建筑节能、智能物流、风电和光伏发电及上网技术、垃圾发电、混合动力汽车等。

二是示范试验一批。对有一定技术积累、但技术工艺路线尚不定型、经济性和市场可接受性有待检验、尚不具备大规模产业化的技术，要进行试验，探索技术定型、大批量生产的路径，如页岩气勘探开采、煤制油气、煤制烯烃等煤化工，大型先进压水堆、高温气冷堆核电、海上核动力平台、智能电网、分布式能源、特高压输电等重要技术。

三是集中攻关一批。主要是指那些前景广阔、但核心技术受制于人、亟待集中力量奋力攻关的技术，如大型海上风电、高效太阳能发电、生物液体燃料等可再生能源高效开发利用，深海油气勘探开发利用、页岩油气和天然气水合物勘探开发利用，先进储能、碳捕捉利用和封存，先进超超临界发电和燃气轮机、纯电动汽车、新一代先进压水堆和高温气冷堆核电、快中子反应堆核电、核乏燃料处理、地热能和海洋能开发利用等技术。

这些技术是专家们提的，是否准确要论证。我们可否按照"三个一批"的思路走，应用先行，加快试验，集中攻关，缩小差距，力争超越。

（二〇一四年六月十三日在中央财经领导小组第六次会议上的讲话）

三

煤炭作为我国主体能源，要按照绿色低碳的发展方向，对标实现碳达峰、碳中和目标任务，立足国情、控制总量、兜住底线，有序减量替代，推进煤炭消费转型升级。煤化工产业潜力巨大、大有前途，要提高煤炭作为化工原料的综合利用效能，促进煤化工产业高端化、多元化、低碳化发展，把加强科技创新作为最紧迫任务，加快关键核心技术攻关，积极发展煤基特种燃料、煤基生物可降解材料等。

（二〇二一年九月十三日、十四日在陕西榆林考察时的讲话）

四

解决油气核心需求是我们面临的重要任务。要加大勘探开发力度，夯实国内产量基础，提高自我保障能力。要集中资源攻克关键核心技术，加快清洁高效开发利用，提升能源供给质量、利用效率和减碳水平。石油战线始终是共和国改革发展的一面旗帜，要继续举好这面旗帜，在确保国家能源安全、保障经济社会发展上再立新功、再创佳绩。

（二〇二一年十月二十日、二十一日在山东东营考察时的讲话）

全面增强自主创新能力，
掌握新一轮全球科技竞争的战略主动[*]

（二〇一四年八月十八日）

创新始终是推动一个国家、一个民族向前发展的重要力量。我国是一个发展中大国，正在大力推进经济发展方式转变和经济结构调整，必须把创新驱动发展战略实施好。实施创新驱动发展战略，就是要推动以科技创新为核心的全面创新，坚持需求导向和产业化方向，坚持企业在创新中的主体地位，发挥市场在资源配置中的决定性作用和社会主义制度优势，增强科技进步对经济增长的贡献度，形成新的增长动力源泉，推动经济持续健康发展。

改革开放三十多年来，我国实现了科技水平整体跃升，已经成为具有重要影响力的科技大国，科技创新对经济社会发展的支撑和引领作用日益增强。当前，新一轮科技革命和产业变革正在孕育兴起，全球科技创新呈现出新的发展态势和特征，新技术替代旧技术、智能型

---

[*] 这是习近平同志在中央财经领导小组第七次会议上讲话的要点。

技术替代劳动密集型技术趋势明显。我国依靠要素成本优势所驱动、大量投入资源和消耗环境的经济发展方式已经难以为继。我们必须增强紧迫感，紧紧抓住机遇，及时确立发展战略，全面增强自主创新能力，掌握新一轮全球科技竞争的战略主动。

我们必须认识到，从发展上看，主导国家发展命运的决定性因素是社会生产力发展和劳动生产率提高，只有不断推进科技创新，不断解放和发展社会生产力，不断提高劳动生产率，才能实现经济社会持续健康发展。

实施创新驱动发展战略的基本要求，我提出四点意见。一是紧扣发展，牢牢把握正确方向。要跟踪全球科技发展方向，努力赶超，力争缩小关键领域差距，形成比较优势。要坚持问题导向，从国情出发确定跟进和突破策略，按照主动跟进、精心选择、有所为有所不为的方针，明确我国科技创新主攻方向和突破口。对看准的方向，要超前规划布局，加大投入力度，着力攻克一批关键核心技术，加速赶超甚至引领步伐。二是强化激励，大力集聚创新人才。创新驱动实质上是人才驱动。为了加快形成一支规模宏大、富有创新精神、敢于承担风险的创新型人才队伍，要重点在用好、吸引、培养上下功夫。要用好科学家、科技人员、企业家，激发他们的创新激情。要学会招商引资、招人聚才并举，择天下英才而用之，广泛吸引各类创新人才特别是最缺的人才。三是深化改革，建立健全体制机制。要面向世界科技前沿、面向国家重大需求、面向国民经济主战场，精心设计和大力推进改革，让机构、人才、装置、资金、项目都充分活跃起来，形成推进科技创新发展的强大合力。要围绕使企业成为创新主体、加快推进产学研深度融合来谋划和推进。要按照遵循规律、强化激励、合理分工、分类改革要求，继续深化科研院所改革。要以转变职能为目标，推进政府科技管理体制改革。四是扩大开放，全方位加强国际合作。要坚持"引进来"和"走出去"相结合，积极融入全球创新网络，全面提高我国科技创新的国际合作水平。

要抓紧出台实施创新驱动发展的政策和部署，抓紧实施国家重大科技专项，再选择一批体现国家战略意图的重大科技项目和重大工程，集中力量、协同攻关。要加快研究提出创新驱动发展顶层设计方案，研究提出中央财政科技资金管理改革方案。要抓紧修改完善相关法律法规，实施更加积极的创新人才引进政策。要研究在一些省区市系统推进全面创新改革试验，形成几个具有创新示范和带动作用的区域性创新平台。

构建具有中国特色的
科技计划体系和管理制度*

（二〇一四年九月二十九日）

我们的科技计划在体系布局、管理体制、运行机制、总体绩效等方面都存在不少问题，突出表现在科技计划碎片化和科研项目取向聚焦不够两个问题上。要彻底改变政出多门、九龙治水的格局，坚持按目标成果、绩效考核为导向进行资源分配，统筹科技资源，建立公开统一的国家科技管理平台，构建总体布局合理、功能定位清晰、具有中国特色的科技计划体系和管理制度，以此带动科技其他方面的改革向纵深推进，为实施创新驱动发展战略创立一个好的体制保障。政府部门主要负责科技计划（专项、基金）的宏观管理，不再直接具体管理项目，通过统一的国家科技管理平台，建立决策、咨询、执行、评价、监管各环节职责清晰、协调衔接的新体系。要根据国家战略需要和科技创新规律，构建新

---

* 这是习近平同志在中央全面深化改革领导小组第五次会议上讲话要点的一部分。

型科技计划（专项、基金）管理体系，避免重复申报和重复资助。科技布局上既要注重全面布局，也要讲究重点突破、非对称发展，坚持有所为有所不为的方针，形成聚焦重点任务配置资源、集成攻关的新体制。

实施一批国家重大科技项目和在重大创新领域组建一批国家实验室[*]

（二〇一五年十月二十六日）

关于实施一批国家重大科技项目和在重大创新领域组建一批国家实验室。落实创新驱动发展战略，必须把重要领域的科技创新摆在更加突出的地位，实施一批关系国家全局和长远的重大科技项目。这既有利于我国在战略必争领域打破重大关键核心技术受制于人的局面，更有利于开辟新的产业发展方向和重点领域、培育新的经济增长点。二〇一四年八月，我们确定要抓紧实施已有的十六个国家科技重大专项，进一步聚焦目标、突出重点，攻克高端通用芯片、集成电路装备、宽带移动通信、高档数控机床、核电站、新药创制等关键核心技术，加快形成若干战略性技术和战略性产品，培育新兴

---

[*] 这是习近平同志在中共十八届五中全会上所作的《关于〈中共中央关于制定国民经济和社会发展第十三个五年规划的建议〉的说明》的一部分。

产业。在此基础上，以二〇三〇年为时间节点，再选择一批体现国家战略意图的重大科技项目，力争有所突破。从更长远的战略需求出发，我们要坚持有所为有所不为，在航空发动机、量子通信、智能制造和机器人、深空深海探测、重点新材料、脑科学、健康保障等领域再部署一批体现国家战略意图的重大科技项目。已经部署的项目和新部署的项目要形成梯次接续的系统布局，发挥市场经济条件下新型举国体制优势，集中力量、协同攻关，为攀登战略制高点、提高我国综合竞争力、保障国家安全提供支撑。

我国同发达国家的科技经济实力差距主要体现在创新能力上。提高创新能力，必须夯实自主创新的物质技术基础，加快建设以国家实验室为引领的创新基础平台。国家实验室已成为主要发达国家抢占科技创新制高点的重要载体，诸如美国阿贡、洛斯阿拉莫斯、劳伦斯伯克利等国家实验室和德国亥姆霍兹研究中心等，均是围绕国家使命，依靠跨学科、大协作和高强度支持开展协同创新的研究基地。当前，我国科技创新已步入以跟踪为主转向跟踪和并跑、领跑并存的新阶段，急需以国家目标和战略需求为导向，瞄准国际科技前沿，布局一批体量更大、学科交叉融合、综合集成的国家实验室，优化配置人财物资源，形成协同创新新格局。主要考虑在一些重大创新领域组建一批国家实验室，打造聚集国内外一流人才的高地，组织具有重大引领作用的协同攻关，形成代表国家水平、国际同行认可、在国际上拥有话语权的科技创新实力，成为抢占国际科技制高点的重要战略创新力量。

以新的发展理念引领发展[*]

（二〇一五年十月二十九日）

理念是行动的先导，一定的发展实践都是由一定的发展理念来引领的。发展理念是否对头，从根本上决定着发展成效乃至成败。实践告诉我们，发展是一个不断变化的进程，发展环境不会一成不变，发展条件不会一成不变，发展理念自然也不会一成不变。

我在《中共中央关于制定国民经济和社会发展第十三个五年规划的建议》开始起草时就强调，首先要把应该树立什么样的发展理念搞清楚，发展理念是战略性、纲领性、引领性的东西，是发展思路、发展方向、发展着力点的集中体现。发展理念搞对了，目标任务就好定了，政策举措跟着也就好定了。《建议》提出要坚持创新、协调、绿色、开放、共享的发展理念。这五大发展理念不是凭空得来的，是我们在深刻总结国内外发展经验教训的基础上形成的，也是在深刻分析国内外发展大势的基础上形成的，集中反映了我们党对经济社会发展

---

[*] 这是习近平同志在中共十八届五中全会第二次全体会议上讲话的一部分。

规律认识的深化,也是针对我国发展中的突出矛盾和问题提出来的。

创新发展注重的是解决发展动力问题。我国创新能力不强,科技发展水平总体不高,科技对经济社会发展的支撑能力不足,科技对经济增长的贡献率远低于发达国家水平,这是我国这个经济大个头的"阿喀琉斯之踵"。新一轮科技革命带来的是更加激烈的科技竞争,如果科技创新搞不上去,发展动力就不可能实现转换,我们在全球经济竞争中就会处于下风。为此,我们必须把创新作为引领发展的第一动力,把人才作为支撑发展的第一资源,把创新摆在国家发展全局的核心位置,不断推进理论创新、制度创新、科技创新、文化创新等各方面创新,让创新贯穿党和国家一切工作,让创新在全社会蔚然成风。

协调发展注重的是解决发展不平衡问题。我国发展不协调是一个长期存在的问题,突出表现在区域、城乡、经济和社会、物质文明和精神文明、经济建设和国防建设等关系上。在经济发展水平落后的情况下,一段时间的主要任务是要跑得快,但跑过一定路程后,就要注意调整关系,注重发展的整体效能,否则"木桶效应"就会愈加显现,一系列社会矛盾会不断加深。为此,我们必须牢牢把握中国特色社会主义事业总体布局,正确处理发展中的重大关系,不断增强发展整体性。

绿色发展注重的是解决人与自然和谐问题。绿色循环低碳发展，是当今时代科技革命和产业变革的方向，是最有前途的发展领域，我国在这方面的潜力相当大，可以形成很多新的经济增长点。我国资源约束趋紧、环境污染严重、生态系统退化的问题十分严峻，人民群众对清新空气、干净饮水、安全食品、优美环境的要求越来越强烈。为此，我们必须坚持节约资源和保护环境的基本国策，坚定走生产发展、生活富裕、生态良好的文明发展道路，加快建设资源节约型、环境友好型社会，推进美丽中国建设，为全球生态安全作出新贡献。

开放发展注重的是解决发展内外联动问题。国际经济合作和竞争局面正在发生深刻变化，全球经济治理体系和规则正在面临重大调整，引进来、走出去在深度、广度、节奏上都是过去所不可比拟的，应对外部经济风险、维护国家经济安全的压力也是过去所不能比拟的。现在的问题不是要不要对外开放，而是如何提高对外开放的质量和发展的内外联动性。我国对外开放水平总体上还不够高，用好国际国内两个市场、两种资源的能力还不够强，应对国际经贸摩擦、争取国际经济话语权的能力还比较弱，运用国际经贸规则的本领也不够强，需要加快弥补。为此，我们必须坚持对外开放的基本国策，奉行互利共赢的开放战略，深化人文交流，完善对外开放区域布局、对外贸易布局、投资布局，形成对外开放新体制，发展更高层次的开放型经济，以扩大开放带动创新、推动改革、促进发展。"一带一路"建设是扩大开放的重大战略举措和经济外交的顶层设计,要找准突破口,以点带面、串点成线,步步为营、久久为功。要推动全球经济治理体系改革完善,引导全球经济议程,维护多边贸易体制,加快实施自由贸易区战略,积极承担与我国能力和地位相适应的国际责任和义务。

共享发展注重的是解决社会公平正义问题。"治天下也,必先公,公则天下平矣。"让广大人民群众共享改革发展成果,是社会主义的本质要求,是社会主义制度优越性的集中体现,是我们党坚持全心全意为人民服务根本宗旨的重要体现。这方面问题解决好了,全体人民推动发展的积极性、主动性、创造性就能充分调动起来,国家发展也才能具有最深厚的伟力。我国经济发展的"蛋糕"不断做大,但分配不公问题比较突出,收入差距、城乡区域公共服务水平差距较大。在共享改革发展成果上,无论是实际情况还是制度设计,都还有不完善的地方。为此,我们必须坚持发展为了人民、发展依靠人民、发展成果由人民共享,作出更有效的制度安排,使全体人民朝着共同富裕方向稳步前进,绝不能出现"富者累巨万,而贫者食糟糠"的现象。

这次全会强调,坚持创新发展、协调发展、绿色发展、开放发展、共享发展,是关系我国发展全局的一场深刻变革。这五大发展理念相互贯通、相互促进,是具有内在联系的集合体,要统一贯彻,不能顾此失彼,也不能相互替代。哪一个发展理念贯彻不到位,发展进程都会受到影响。全党同志一定要提高统一贯彻五大发展理念的能力和水平,不断开拓发展新境界。

致二〇一五世界机器人大会的贺信

（二〇一五年十一月二十日）

值此二〇一五世界机器人大会开幕之际，我谨代表中国政府和人民，并以我个人的名义，向大会的召开，表示热烈的祝贺！向出席会议的国际机构负责人及专家学者、企业家等各方来宾，表示诚挚的欢迎！

在人类发展进程中，诞生了大量具有里程碑意义的创新成果。巴比伦的计时漏壶、古希腊的自动机、中国的指南车等，就是古代人类创造的自动装置中的精妙之作。这些创造发明，源于丰富多彩的生产生活实践，体现了人类创造生活、利用自然的执着追求和非凡智慧。

当前，世界正处在新科技革命和产业革命的交汇点上。科学技术在广泛交叉和深度融合中不断创新，特别是以信息、生命、纳米、材料等科技为基础的系统集成创新，以前所未有的力量驱动着经济社会发展。随着信息化、工业化不断融合，以机器人科技为代表的智能产业蓬勃兴起，成为现时代科技创新的一个重要标志。

中国将机器人和智能制造纳入了国家科技创新的优先重点领域，我们愿加强同各国科技界、产业界的合作，推动机器人科技研发和产业化进程，使机器人科技及其产品更好为推动发展、造福人民服务。

本次大会以"协同融合共赢,引领智能社会"为主题,体现了各国协同创新、多学科融合共赢的发展趋势,体现了全球科技界、产业界的共识。我希望,各国科学家和企业家携起手来,共同推进机器人科技创新发展,为开创人类社会更加美好的未来作出积极贡献。

预祝大会圆满成功!

中华人民共和国主席　习近平
二〇一五年十一月二十日

开拓进取、攻坚克难，勇攀医学高峰*

（二〇一五年十二月十八日、二〇一六年十月二十七日）

一

中医药学是中国古代科学的瑰宝，也是打开中华文明宝库的钥匙。当前，中医药振兴发展迎来天时、地利、人和的大好时机，希望广大中医药工作者增强民族自信，勇攀医学高峰，深入发掘中医药宝库中的精华，充分发挥中医药的独特优势，推进中医药现代化，推动中医药走向世界，切实把中医药这一祖先留给我们的宝贵财富继承好、发展好、利用好，在建设健康中国、实现中国梦的伟大征程中谱写新的篇章。

（二〇一五年十二月十八日致中国中医科学院成立六十周年的贺信）

---

* 这是习近平同志二〇一五年十二月、二〇一六年十月两篇文稿中有关开拓进取、攻坚克难，勇攀医学高峰内容的节录。

二

六十年来，中国医学科学院作为我国医疗卫生领域的国家队、排头兵，开拓进取、攻坚克难，在重大疾病防治、医学科技发展和创新、高层次医学人才培养、医学科技成果转化、医疗卫生战略研究等方面取得了丰硕成果，为我国医疗卫生事业发展、提高人民健康水平作出了重要贡献。希望你们以建院六十周年为新起点，抓住机遇、迎难而上，努力把中国医学科学院建设成为我国医学科技创新体系的核心基地，继续谱写新的篇章。

（二〇一六年十月二十七日致中国医学科学院成立六十周年的贺信）

着力实施创新驱动发展战略[*]

（二〇一六年一月十八日）

把创新摆在第一位，是因为创新是引领发展的第一动力。发展动力决定发展速度、效能、可持续性。对我国这么大体量的经济体来讲，如果动力问题解决不好，要实现经济持续健康发展和"两个翻番"是难以做到的。当然，协调发展、绿色发展、开放发展、共享发展都有利于增强发展动力，但核心在创新。抓住了创新，就抓住了牵动经济社会发展全局的"牛鼻子"。

坚持创新发展，是我们分析近代以来世界发展历程特别是总结我国改革开放成功实践得出的结论，是我们应对发展环境变化、增强发展动力、把握发展主动权，更好引领新常态的根本之策。

回顾近代以来世界发展历程，可以清楚看到，一个国家和民族的创新能力，从根本上影响甚至决定国家和民族前途命运。

十六世纪以来，人类社会进入前所未有的创新活跃

---

[*] 这是习近平同志在省部级主要领导干部学习贯彻党的十八届五中全会精神专题研讨班上讲话的一部分。

期，几百年里，人类在科学技术方面取得的创新成果超过过去几千年的总和。特别是十八世纪以来，世界发生了几次重大科技革命，如近代物理学诞生、蒸汽机和机械、电力和运输、相对论和量子论、电子和信息技术发展等。在此带动下，世界经济发生多次产业革命，如机械化、电气化、自动化、信息化。每一次科技和产业革命都深刻改变了世界发展面貌和格局。一些国家抓住了机遇，经济社会发展驶入快车道，经济实力、科技实力、军事实力迅速增强，甚至一跃成为世界强国。发端于英国的第一次产业革命，使英国走上了世界霸主地位；美国抓住了第二次产业革命机遇，赶超英国成为世界第一。从第二次产业革命以来，美国就占据世界第一的位置，这是因为美国在科技和产业革命中都是领航者和最大获利者。

中华民族是勇于创新、善于创新的民族。前面说到我国历史上的发展和辉煌，同当时我国科技发明和创新密切相关。我国古代在天文历法、数学、农学、医学、地理学等众多科技领域取得举世瞩目的成就。这些发明创造同生产紧密结合，为农业和手工业发展提供了有力支撑。英国哲学家培根这样讲到：印刷术、火药、指南针，这三种发明曾改变了整个世界事物的面貌和状态，以致没有一个帝国、教派和人物能比这三种发明在人类事业中产生更大的力量和影响。一些资料显示，十六世纪以前世界上最重要的三百项发明和发现中，我国占一百七十三项，远远超过同时代的欧洲。我国发展历史上长期处于世界领先地位，我国思想文化、社会制度、经济发展、科学技术以及其他许多方面对周边发挥了重要辐射和引领作用。近代以来，我国逐渐由领先变为落后，一个重要原因就是我们错失了多次科技和产业革命带来的巨大发展机遇。

当今世界，经济社会发展越来越依赖于理论、制度、科技、文化等领域的创新，国际竞争新优势也越来越体现在创新能力上。谁在创新上先行一步，谁就能拥有引领发展的主动权。当前，新一轮科技和产业革命蓄势待发，其主要特点是重大颠覆性技术不断涌现，科技成果转化速度加快，产业组织形式和产业链条更具垄断性。世界各主要国家纷纷出台新的创新战略，加大投入，加强人才、专利、标准等战略性创新资源的争夺。

虽然我国经济总量跃居世界第二，但大而不强、臃肿虚胖体弱问题相当突出，主要体现在创新能力不强，这是我国这个经济大块头的"阿喀琉斯之踵"。通过创新引领和驱动发展已经成为我国发展的迫切要求。所以，我反复强调，抓创新就是抓发展，谋创新就是谋未来。

经过多年努力，我国科技整体水平有了明显提高，正处在从量的增长向质的提升转变的重要时期，一些重要领域跻身世界先进行列。但是，总体上看，我国关键核心技术受制于人的局面尚未根本改变，创造新产业、引领未来发展的科技储备远远不够，产业还处于全球价值链中低端，军事、安全领域高技术方面同发达国家仍有较大差距。我们必须把发展基点放在创新上，通过创新培育发展新动力、塑造更多发挥先发优势的引领型发展。

创新是一个复杂的社会系统工程，涉及经济社会各个领域。坚持创新发展，既要坚持全面系统的观点，又要抓住关键，以重要领域和关键环节的突破带动全局。要超前谋划、超前部署，紧紧围绕经济竞争力的核心关键、社会发展的瓶颈制约、国家安全的重大挑战，强化事关发展全局的基础研究和共性关键技术研究，全面提高自主创新能力，在科技创新上取得重大突破，力争实现我国科技水平由跟跑并跑向并跑领跑转变。要以重大科技创新为引领，加快科技创新成果向现实生产力转化，加快构建产业新体系，做到人有我有、人有我强、人强我优，增强我国经济整体素质和国际竞争力。要深化科技体制改革，推进人才发展体制和政策创新，突出"高精尖缺"导向，实施更开放的创新人才引进政策，聚天下英才而用之。

在网络安全和信息化工作
座谈会上的讲话

（二〇一六年四月十九日）

今天，我们召开一个网络安全和信息化工作座谈会。这个会，我一直想开。党的十八大以来，我国互联网事业快速发展，网络安全和信息化工作扎实推进，取得显著进步和成绩，同时也存在不少短板和问题。召开这次座谈会，就是要当面听取大家意见和建议，共同探讨一些措施和办法，以利于我们把工作做得更好。

刚才，几位同志讲得很好，分析了当前互联网发展新情况新动向，介绍了信息化发展新技术新趋势，提出了很好的意见和建议，听了很受启发。你们的发言，体现了务实的态度、创新的精神、强烈的责任感，也体现了在互联网领域较高的理论和实践水平，对我们改进工作很有帮助。有关部门要认真研究大家的意见和建议，能吸收的尽量吸收。下面，我谈几点意见，同大家交流。

第一个问题，讲讲推动我国网信事业发展，让互联网更好造福人民。

听了大家发言，我有一个总的感觉，就是对互联网来说，我国虽然是后来者，接入国际互联网只有二十多年，但我们正确处理安全和发展、开放和自主、管理和服务的关系，推动互联网发展取得令人瞩目的成就。现在，互联网越来越成为人们学习、工作、生活的新空间，越来越成为获取公共服务的新平台。我国有七亿网民，这是一个了不起的数字，也是一个了不起的成就。

从社会发展史看，人类经历了农业革命、工业革命，正在经历信息革命。农业革命增强了人类生存能力，使人类从采食捕猎走向栽种畜养，从野蛮时代走向文明社会。工业革命拓展了人类体力，以机器取代了人力，以大规模工厂化生产取代了个体工场手工生产。而信息革命则增强了人类脑力，带来生产力又一次质的飞跃，对国际政治、经济、文化、社会、生态、军事等领域发展产生了深刻影响。

当前和今后一个时期，我国发展的目标是实现"两个一百年"奋斗目标。我说过，建设富强民主文明和谐的社会主义现代化国家，实现中华民族伟大复兴，是鸦片战争以来中国人民最伟大的梦想，是中华民族的最高利益和根本利益。今天，我们十三亿多人的一切奋斗归根到底都是为了实现这一伟大目标。

我国曾经是世界上的经济强国，后来在欧洲发生工业革命、世界发生深刻变革的时期，丧失了与世界同进步的历史机遇，逐渐落到了被动挨打的境地。特别是鸦片战争之后，中华民族更是陷入积贫积弱、任人宰割的悲惨状况。想起这一段历史，我们心中都有刻骨铭心的痛。经过几代人努力，我们从来没有像今天这样离实现中华民族伟大复兴的目标如此之近，也从来没有像今天这样更有信心、更有能力实现中华民族伟大复兴。这是中华民族的一个重要历史机遇，我们必须牢牢抓住，决不能同这样的历史机遇失之交臂。这就是我们这一代人的历史责任，是我们对中华民族的责任，是对前人的责任，也是对后人的责任。

党的十八届五中全会提出了创新、协调、绿色、开放、共享的新发展理念，这是在深刻总结国内外发展经验教训、深入分析国内外发展大势的基础上提出的，集中反映了我们党对我国经济社会发展规律的新认识。按照新发展理念推动我国经济社会发展，是当前和今后一个时期我国发展的总要求和大趋势。古人说："随时以举事，因资而立功，用万物之能而获利其上。"我国网信事业发展要适应这个大趋势。总体上说，网信事业代表着新的生产力、新的发展方向，应该也能够在践行新发展理念上先行一步。

我国经济发展进入新常态，新常态要有新动力，互联网在这方面可以大有作为。我们实施"互联网+"行动计划，带动全社会兴起了创新创业热潮，信息经济在我国国内生产总值中的占比不断攀升。当今世界，信息化发展很快，不进则退，慢进亦退。我们要加强信息基础设施建设，强化信息资源深度整合，打通经济社会发展的信息"大动脉"。党的十八届五中全会、"十三五"规划纲要都对实施网络强国战略、"互联网+"行动计划、大数据战略等作了部署,要切实贯彻落实好,着力推动互联网和实体经济深度融合发展,以信息流带动技术流、资金流、人才流、物资流,促进资源配置优化,促进全要素生产率提升,为推动创新发展、转变经济发展方式、调整经济结构发挥积极作用。

网信事业要发展,必须贯彻以人民为中心的发展思想。这是党的十八届五中全会提出的一个重要观点。要适应人民期待和需求,加快信息化服务普及,降低应用成本,为老百姓提供用得上、用得起、用得好的信息服务,让亿万人民在共享互联网发展成果上有更多获得感。相比城市,农村互联网基础设施建设是我们的短板。要加大投入力度,加快农村互联网建设步伐,扩大光纤网、宽带网在农村的有效覆盖。可以做好信息化和工业化深度融合这篇大文章,发展智能制造,带动更多人创新创业;可以瞄准农业现代化主攻方向,提高农业生产智能化、经营网络化水平,帮助广大农民增加收入;可以发挥互联网优势,实施"互联网+教育"、"互联网+医疗"、"互联网+文化"等,促进基本公共服务均等化;可以发挥互联网在助推脱贫攻坚中的作用,推进精准扶贫、精准脱贫,让更多困难群众用上互联网,让农产品通过互联网走出乡村,让山沟里的孩子也能接受优质教育;可以加快推进电子政务,鼓励各级政府部门打破信息壁垒、提升服务效率,让百姓少跑腿、信息多跑路,解决办事难、办事慢、办事繁的问题,等等。这些方面有很多事情可做,一些互联网企业已经做了尝试,取得了较好的经济效益和社会效益。

有专家提出,我们的国家治理中存在信息共享、资源统筹、工作协调不够等问题,制约了国家治理效率和公共服务水平。这个问题要深入研究。我们提出推进国家治理体系和治理能力现代化,信息是国家治理的重要依据,要发挥其在这个进程中的重要作用。要以信息化推进国家治理体系和治理能力现代化,统筹发展电子政务,构建一体化在线服务平台,分级分类推进新型智慧城市建设,打通信息壁垒,构建全国信息资源共享体系,更好用信息化手段感知社会态势、畅通沟通渠道、辅助科学决策。

第二个问题,讲讲建设网络良好生态,发挥网络引导舆论、反映民意的作用。

互联网是一个社会信息大平台,亿万网民在上面获得信息、交流信息,这会对他们的求知途径、思维方式、价值观念产生重要影响,特别是会对他们对国家、对社会、对工作、对人生的看法产生重要影响。

实现"两个一百年"奋斗目标,需要全社会方方面面同心干,需要全国各族人民心往一处想、劲往一处使。如果一个社会没有共同理想,没有共同目标,没有共同价值观,整天乱哄哄的,那就什么事也办不成。我国有十三亿多人，如果弄成那样一个局面，就不符合人民利益，也不符合国家利益。

凝聚共识工作不容易做，大家要共同努力。为了实现我们的目标，网上网下要形成同心圆。什么是同心圆？就是在党的领导下，动员全国各族人民，调动各方面积极性，共同为实现中华民族伟大复兴的中国梦而奋斗。

古人说："知屋漏者在宇下，知政失者在草野。"很多网民称自己为"草根"，那网络就是现在的一个"草野"。网民来自老百姓，老百姓上了网，民意也就上了网。群众在哪儿，我们的领导干部就要到哪儿去，不然怎么联系群众呢？各级党政机关和领导干部要学会通过网络走群众路线，经常上网看看，潜潜水、聊聊天、发发声，了解群众所思所愿，收集好想法好建议，积极回应网民关切、解疑释惑。善于运用网络了解民意、开展工作，是新形势下领导干部做好工作的基本功。各级干部特别是领导干部一定要不断提高这项本领。

网民大多数是普通群众，来自四面八方，各自经历不同，观点和想法肯定是五花八门的，不能要求他们对所有问题都看得那么准、说得那么对。要多一些包容和耐心，对建设性意见要及时吸纳，对困难要及时帮助，对不了解情况的要及时宣介，对模糊认识要及时廓清，对怨气怨言要及时化解，对错误看法要及时引导和纠正，让互联网成为我们同群众交流沟通的新平台，成为了解群众、贴近群众、为群众排忧解难的新途径，成为发扬人民民主、接受人民监督的新渠道。

网络空间是亿万民众共同的精神家园。网络空间天朗气清、生态良好，符合人民利益。网络空间乌烟瘴气、生态恶化，不符合人民利益。谁都不愿生活在一个充斥着虚假、诈骗、攻击、谩骂、恐怖、色情、暴力的空间。互联网不是法外之地。利用网络鼓吹推翻国家政权，煽动宗教极端主义，宣扬民族分裂思想，教唆暴力恐怖活动，等等，这样的行为要坚决制止和打击，决不能任其大行其道。利用网络进行欺诈活动，散布色情材料，进行人身攻击，兜售非法物品，等等，这样的言行也要坚决管控，决不能任其大行其道。没有哪个国家会允许这样的行为泛滥开来。我们要本着对社会负责、对人民负责的态度，依法加强网络空间治理，加强网络内容建设，做强网上正面宣传，培育积极健康、向上向善的网络文化，用社会主义核心价值观和人类优秀文明成果滋养人心、滋养社会，做到正能量充沛、主旋律高昂，为广大网民特别是青少年营造一个风清气正的网络空间。

形成良好网上舆论氛围，不是说只能有一个声音、一个调子，而是说不能搬弄是非、颠倒黑白、造谣生事、违法犯罪，不能超越了宪法法律界限。我多次强调，要把权力关进制度的笼子里，一个重要手段就是发挥舆论监督包括互联网监督作用。这一条，各级党政机关和领导干部特别要注意，首先要做好。对网上那些出于善意的批评，对互联网监督，不论是对党和政府工作提的还是对领导干部个人提的，不论是和风细雨的还是忠言逆耳的，我们不仅要欢迎，而且要认真研究和吸取。

第三个问题，讲讲尽快在核心技术上取得突破。

二十多年来，我国互联网发展取得的显著成就中，包括一批技术方面的成就。目前，在世界互联网企业前十强中，我们占了四席。在第二届世界互联网大会期间，我去看了"互联网之光"博览会，来自全球的二百五十多家企业展出的一千多项新技术新成果中，我们也占了不少，这令人高兴。同时，我们也要看到，同世界先进水平相比，同建设网络强国战略目标相比，我们在很多方面还有不小差距，特别是在互联网创新能力、基础设施建设、信息资源共享、产业实力等方面还存在不小差距，其中最大的差距在核心技术上。

互联网核心技术是我们最大的"命门"，核心技术受制于人是我们最大的隐患。一个互联网企业即便规模再大、市值再高，如果核心元器件严重依赖外国，供应链的"命门"掌握在别人手里，那就好比在别人的墙基上砌房子，再大再漂亮也可能经不起风雨，甚至会不堪一击。我们要掌握我国互联网发展主动权，保障互联网安全、国家安全，就必须突破核心技术这个难题，争取在某些领域、某些方面实现"弯道超车"。

核心技术要取得突破，就要有决心、恒心、重心。

有决心，就是要树立顽强拼搏、刻苦攻关的志气，坚定不移实施创新驱动发展战略，把更多人力物力财力投向核心技术研发，集合精锐力量，作出战略性安排。有恒心，就是要制定信息领域核心技术设备发展战略纲要，制定路线图、时间表、任务书，明确近期、中期、远期目标，遵循技术规律，分梯次、分门类、分阶段推进，咬定青山不放松。有重心，就是要立足我国国情，面向世界科技前沿，面向国家重大需求，面向国民经济主战场，紧紧围绕攀登战略制高点，强化重要领域和关键环节任务部署，把方向搞清楚，把重点搞清楚。否则，花了很多钱、投入了很多资源，最后南辕北辙，是难以取得成效的。

什么是核心技术？我看，可以从三个方面把握。一是基础技术、通用技术。二是非对称技术、"杀手锏"技术。三是前沿技术、颠覆性技术。在这些领域，我们同国外处在同一条起跑线上，如果能够超前部署、集中攻关，很有可能实现从跟跑并跑到并跑领跑的转变。我国网信领域广大企业家、专家学者、科技人员要树立这个雄心壮志，要争这口气，努力尽快在核心技术上取得新的重大突破。正所谓"日日行，不怕千万里；常常做，不怕千万事"。

我国信息技术产业体系相对完善、基础较好，在一些领域已经接近或达到世界先进水平，市场空间很大，有条件有能力在核心技术上取得更大进步，关键是要理清思路、脚踏实地去干。

第一，正确处理开放和自主的关系。互联网让世界变成了地球村，推动国际社会越来越成为你中有我、我中有你的命运共同体。现在，有一种观点认为，互联网很复杂、很难治理，不如一封了之、一关了之。这种说法是不正确的，也不是解决问题的办法。中国开放的大门不能关上，也不会关上。我们要鼓励和支持我国网信企业走出去，深化互联网国际交流合作，积极参与"一带一路"建设，做到"国家利益在哪里，信息化就覆盖到哪里"。外国互联网企业，只要遵守我国法律法规，我们都欢迎。

现在，在技术发展上有两种观点值得注意。一种观点认为，要关起门来，另起炉灶，彻底摆脱对外国技术的依赖，靠自主创新谋发展，否则总跟在别人后面跑，永远追不上。另一种观点认为，要开放创新，站在巨人肩膀上发展自己的技术，不然也追不上。这两种观点都有一定道理，但也都绝对了一些，没有辩证看待问题。一方面，核心技术是国之重器，最关键最核心的技术要立足自主创新、自立自强。市场换不来核心技术，有钱也买不来核心技术，必须靠自己研发、自己发展。另一方面，我们强调自主创新，不是关起门来搞研发，一定要坚持开放创新，只有跟高手过招才知道差距，不能夜郎自大。

我们不拒绝任何新技术，新技术是人类文明发展的成果，只要有利于提高我国社会生产力水平、有利于改善人民生活，我们都不拒绝。问题是要搞清楚哪些是可以引进但必须安全可控的，哪些是可以引进消化吸收再创新的，哪些是可以同别人合作开发的，哪些是必须依靠自己的力量自主创新的。核心技术的根源问题是基础研究问题，基础研究搞不好，应用技术就会成为无源之水、无本之木。

第二，在科研投入上集中力量办大事。近年来，我们在核心技术研发上投的钱不少，但效果还不是很明显。我看，主要问题是好钢没有用在刀刃上。要围绕国家亟需突破的核心技术，把拳头攥紧，坚持不懈做下去。

第三，积极推动核心技术成果转化。技术要发展，必须要使用。在全球信息领域，创新链、产业链、价值链整合能力越来越成为决定成败的关键。核心技术研发的最终结果，不应只是技术报告、科研论文、实验室样品，而应是市场产品、技术实力、产业实力。核心技术脱离了它的产业链、价值链、生态系统，上下游不衔接，就可能白忙活一场。

科研和经济不能搞成"两张皮"，要着力推进核心技术成果转化和产业化。经过一定范围论证，该用的就要用。我们自己推出的新技术新产品，在应用中出现一些问题是自然的。可以在用的过程中继续改进，不断提高质量。如果大家都不用，就是报一个课题完成报告，然后束之高阁，那永远发展不起来。

第四，推动强强联合、协同攻关。要打好核心技术研发攻坚战，不仅要把冲锋号吹起来，而且要把集合号吹起来，也就是要把最强的力量积聚起来共同干，组成攻关的突击队、特种兵。我们同国际先进水平在核心技术上差距悬殊，一个很突出的原因，是我们的骨干企业没有像微软、英特尔、谷歌、苹果那样形成协同效应。美国有个所谓的"文泰来"联盟，微软的视窗操作系统只配对英特尔的芯片。在核心技术研发上，强强联合比单打独斗效果要好，要在这方面拿出些办法来，彻底摆脱部门利益和门户之见的束缚。抱着宁为鸡头、不为凤尾的想法，抱着自己拥有一亩三分地的想法，形不成合力，是难以成事的。

一些同志关于组建产学研用联盟的建议很好。比如，可以组建"互联网+"联盟、高端芯片联盟等，加强战略、技术、标准、市场等沟通协作，协同创新攻关。可以探索搞揭榜挂帅，把需要的关键核心技术项目张出榜来，英雄不论出处，谁有本事谁就揭榜。在这方面，既要发挥国有企业作用，也要发挥民营企业作用，也可以两方面联手来干。还可以探索更加紧密的资本型协作机制，成立核心技术研发投资公司，发挥龙头企业优势，带动中小企业发展，既解决上游企业技术推广应用问题，也解决下游企业"缺芯少魂"问题。

第四个问题，讲讲正确处理安全和发展的关系。

网络安全和信息化是相辅相成的。安全是发展的前提，发展是安全的保障，安全和发展要同步推进。我们一定要认识到，古往今来，很多技术都是"双刃剑"，一方面可以造福社会、造福人民，另一方面也可以被一些人用来损害社会公共利益和民众利益。从世界范围看，网络安全威胁和风险日益突出，并日益向政治、经济、文化、社会、生态、国防等领域传导渗透。特别是国家关键信息基础设施面临较大风险隐患，网络安全防控能力薄弱，难以有效应对国家级、有组织的高强度网络攻击。这对世界各国都是一个难题，我们当然也不例外。

面对复杂严峻的网络安全形势，我们要保持清醒头脑，各方面齐抓共管，切实维护网络安全。

第一，树立正确的网络安全观。理念决定行动。当今的网络安全，有几个主要特点。一是网络安全是整体的而不是割裂的。在信息时代，网络安全对国家安全牵一发而动全身，同许多其他方面的安全都有着密切关系。二是网络安全是动态的而不是静态的。信息技术变化越来越快，过去分散独立的网络变得高度关联、相互依赖，网络安全的威胁来源和攻击手段不断变化，那种依靠装几个安全设备和安全软件就想永保安全的想法已不合时宜，需要树立动态、综合的防护理念。三是网络安全是开放的而不是封闭的。只有立足开放环境，加强对外交流、合作、互动、博弈，吸收先进技术，网络安全水平才会不断提高。四是网络安全是相对的而不是绝对的。没有绝对安全，要立足基本国情保安全，避免不计成本追求绝对安全，那样不仅会背上沉重负担，甚至可能顾此失彼。五是网络安全是共同的而不是孤立的。网络安全为人民，网络安全靠人民，维护网络安全是全社会共同责任，需要政府、企业、社会组织、广大网民共同参与，共筑网络安全防线。这几个特点，各有关方面要好好把握。

第二，加快构建关键信息基础设施安全保障体系。金融、能源、电力、通信、交通等领域的关键信息基础设施是经济社会运行的神经中枢，是网络安全的重中之重，也是可能遭到重点攻击的目标。"物理隔离"防线可被跨网入侵，电力调配指令可被恶意篡改，金融交易信息可被窃取，这些都是重大风险隐患。不出问题则已，一出就可能导致交通中断、金融紊乱、电力瘫痪等问题，具有很大的破坏性和杀伤力。我们必须深入研究，采取有效措施，切实做好国家关键信息基础设施安全防护。

第三，全天候全方位感知网络安全态势。知己知彼，才能百战不殆。没有意识到风险是最大的风险。网络安全具有很强的隐蔽性，一个技术漏洞、安全风险可能隐藏几年都发现不了，结果是"谁进来了不知道、是敌是友不知道、干了什么不知道"，长期"潜伏"在里面，一旦有事就发作了。

维护网络安全，首先要知道风险在哪里，是什么样的风险，什么时候发生风险，正所谓"聪者听于无声，明者见于未形"。感知网络安全态势是最基本最基础的工作。要全面加强网络安全检查，摸清家底，认清风险，找出漏洞，通报结果，督促整改。要建立统一高效的网络安全风险报告机制、情报共享机制、研判处置机制，准确把握网络安全风险发生的规律、动向、趋势。要建立政府和企业网络安全信息共享机制，把企业掌握的大量网络安全信息用起来，龙头企业要带头参加这个机制。

有专家反映，在数据开放、信息共享方面存在着部门利益、行业利益、本位思想。这方面，要加强论证，该统的可以统起来，发挥一加一大于二的效应，以综合运用各方面掌握的数据资源，加强大数据挖掘分析，更好感知网络安全态势，做好风险防范。这项工作做好了，对国家、对社会、对企业、对民众都是有好处的。

第四，增强网络安全防御能力和威慑能力。网络安全的本质在对抗，对抗的本质在攻防两端能力较量。要落实网络安全责任制，制定网络安全标准，明确保护对象、保护层级、保护措施。哪些方面要重兵把守、严防死守，哪些方面由地方政府保障、适度防范，哪些方面由市场力量防护，都要有本清清楚楚的账。人家用的是飞机大炮，我们这里还用大刀长矛，那是不行的，攻防力量要对等。要以技术对技术，以技术管技术，做到魔高一尺、道高一丈。

目前，大国网络安全博弈，不单是技术博弈，还是理念博弈、话语权博弈。我们提出了全球互联网发展治理的"四项原则"、"五点主张"，特别是我们倡导尊重网络主权、构建网络空间命运共同体，赢得了世界绝大多数国家赞同。

第五个问题，讲讲增强互联网企业使命感、责任感，共同促进互联网持续健康发展。

我国互联网企业由小到大、由弱变强，在稳增长、促就业、惠民生等方面发挥了重要作用。让企业持续健康发展，既是企业家奋斗的目标，也是国家发展的需要。企业命运与国家发展息息相关。脱离了国家支持、脱离了群众支持，脱离了为国家服务、为人民服务，企业难以做强做大。

今年全国"两会"期间，我在参加全国政协十二届四次会议民建、工商联界委员联组会时强调，实行公有制为主体、多种所有制经济共同发展的基本经济制度，是中国共产党确立的一项大政方针，是中国特色社会主义制度的重要组成部分，也是完善社会主义市场经济体制的必然要求；我们党在坚持基本经济制度上的观点是明确的、一贯的，而且是不断深化的，从来没有动摇，这是不会变的，也是不能变的。我不仅讲了话，而且很快就把我的讲话公开发表了，这就是要让广大企业家吃个"定心丸"。

我们国家这么大、人口这么多，要把经济社会发展搞上去，需要各方面齐心协力干，公有制经济、非公有制经济应该相辅相成、相得益彰，而不是相互排斥、相互抵消。非公有制企业搞大了、搞好了、搞到世界上去了，为国家和人民作出更大贡献了，是国家的光荣。党和政府当然要支持，这一点是毫无疑义的。

在我国，七亿多人上互联网，肯定需要管理，而且这个管理是很复杂、很繁重的。企业要承担企业的责任，党和政府要承担党和政府的责任，哪一边都不能放弃自己的责任。网上信息管理，网站应负主体责任，政府行政管理部门要加强监管。主管部门、企业要建立密切协作协调的关系，避免过去经常出现的"一放就乱、一管就死"现象，走出一条齐抓共管、良性互动的新路。

第一，坚持鼓励支持和规范发展并行。企业直接面向市场，处在创新第一线，处在掌握民众需要第一线，市场感觉敏锐，创新需求敏感，创新愿望强烈。应该鼓励和支持企业成为研发主体、创新主体、产业主体，鼓励和支持企业布局前沿技术，推动核心技术自主创新，创造和把握更多机会，参与国际竞争，拓展海外发展空间。

当前，我国互联网市场也存在一些恶性竞争、滥用市场支配地位等情况，中小企业对此意见不少。这方面，要规范市场秩序，鼓励进行良性竞争。这既有利于激发企业创新活力、提升竞争能力、扩大市场空间，又有利于平衡各方利益、维护国家利益、更好服务百姓。要加大知识产权保护力度，提高侵权代价和违法成本，震慑违法侵权行为。党的十八届四中全会提出健全以公平为核心原则的产权保护制度，加强对各种所有制经济组织和自然人财产权的保护，清理有违公平的法律法规条款。这些要求要尽快落实到位。

第二，坚持政策引导和依法管理并举。政府要为企业发展营造良好环境，加快推进审批制度、融资制度、专利制度等改革，减少重复检测认证，施行优质优价政府采购制度，减轻企业负担，破除体制机制障碍。党的十八届三中全会以后，党中央成立了全面深化改革领导小组，我当组长，已经推出的很多改革方案都同这些方面有联系。改革要继续推进，也就是我说的要敢于啃硬骨头，敢于涉险滩、闯难关。

同时，要加快网络立法进程，完善依法监管措施，化解网络风险。前段时间发生的e租宝、中晋系案件，打着"网络金融"旗号非法集资，给有关群众带来严重财产损失，社会影响十分恶劣。现在，网络诈骗案件越来越多，作案手段花样翻新，技术含量越来越高。这也提醒我们，在发展新技术新业务时，必须警惕风险蔓延。

要依法加强对大数据的管理。一些涉及国家利益、国家安全的数据，很多掌握在互联网企业手里，企业要保证这些数据安全。企业要重视数据安全。如果企业在数据保护和安全上出了问题，对自己的信誉也会产生不利影响。

第三，坚持经济效益和社会效益并重。一个企业既有经济责任、法律责任，也有社会责任、道德责任。企业做得越大，社会责任、道德责任就越大，公众对企业这方面的要求也就越高。我国互联网企业在发展过程中，承担了很多社会责任，这一点要给予充分肯定，希望继续发扬光大。

"行生于己，名生于人。"我说过，只有富有爱心的财富才是真正有意义的财富，只有积极承担社会责任的企业才是最有竞争力和生命力的企业。办网站的不能一味追求点击率，开网店的要防范假冒伪劣，做社交平台的不能成为谣言扩散器，做搜索的不能仅以给钱的多少作为排位的标准。希望广大互联网企业坚持经济效益和社会效益统一，在自身发展的同时，饮水思源，回报社会，造福人民。

第六个问题，讲讲聚天下英才而用之，为网信事业发展提供有力人才支撑。

人才是第一资源。古往今来，人才都是富国之本、兴邦大计。我说过，要把我们的事业发展好，就要聚天下英才而用之。要干一番大事业，就要有这种眼界、这种魄力、这种气度。

"得人者兴，失人者崩。"网络空间的竞争，归根结底是人才竞争。建设网络强国，没有一支优秀的人才队伍，没有人才创造力迸发、活力涌流，是难以成功的。

念好了人才经，才能事半功倍。对我国来说，改革开放初期，资本比较稀缺，所以我们出台了很多鼓励引进资本的政策，比如"两免三减半"。现在，资本已经不那么稀缺了，但人才特别是高端人才依然稀缺。我们的脑子要转过弯来，既要重视资本，更要重视人才，引进人才力度要进一步加大，人才体制机制改革步子要进一步迈开。网信领域可以先行先试，抓紧调研，制定吸引人才、培养人才、留住人才的办法。

互联网是技术密集型产业，也是技术更新最快的领域之一。我国网信事业发展，必须充分调动企业家、专家学者、科技人员积极性、主动性、创造性。我早年在正定县工作时，为了向全国一流专家学者借智，专门聘请华罗庚等专家学者给我们县当顾问，有的亲自到正定指导工作。企业家、专家学者、科技人员要有国家担当、社会责任，为促进国家网信事业发展多贡献自己的智慧和力量。各级党委和政府要从心底里尊重知识、尊重人才，为人才发挥聪明才智创造良好条件，营造宽松环境，提供广阔平台。

互联网主要是年轻人的事业，要不拘一格降人才。要解放思想，慧眼识才，爱才惜才。培养网信人才，要下大功夫、下大本钱，请优秀的老师，编优秀的教材，招优秀的学生，建一流的网络空间安全学院。互联网领域的人才，不少是怪才、奇才，他们往往不走一般套路，有很多奇思妙想。对待特殊人才要有特殊政策，不要求全责备，不要论资排辈，不要都用一把尺子衡量。

要采取特殊政策，建立适应网信特点的人事制度、薪酬制度，把优秀人才凝聚到技术部门、研究部门、管理部门中来。要建立适应网信特点的人才评价机制，以实际能力为衡量标准，不唯学历，不唯论文，不唯资历，突出专业性、创新性、实用性。要建立灵活的人才激励机制，让作出贡献的人才有成就感、获得感。要探索网信领域科研成果、知识产权归属、利益分配机制，在人才入股、技术入股以及税收方面制定专门政策。在人才流动上要打破体制界限，让人才能够在政府、企业、智库间实现有序顺畅流动。国外那种"旋转门"制度的优点，我们也可以借鉴。

我国是科技人才资源最多的国家之一，但也是人才流失比较严重的国家，其中不乏顶尖人才。在人才选拔上要有全球视野，下大气力引进高端人才。随着我国综合国力不断增强，有很多国家的人才也希望来我国发展。我们要顺势而为，改革人才引进各项配套制度，构建具有全球竞争力的人才制度体系。不管是哪个国家、哪个地区的，只要是优秀人才，都可以为我所用。这项工作，有些企业、科研院所已经做了，我到一些企业、科研院所去，也同这些从国外引进的人才进行过交谈。这方面要加大力度，不断提高我们在全球配置人才资源能力。

同志们！今年是"十三五"开局之年，网络安全和信息化工作是"十三五"时期的重头戏。希望同志们积极投身网络强国建设,更好发挥网信领域企业家、专家学者、技术人员作用,支持他们为实现全面建成小康社会、实现中华民族伟大复兴的中国梦作出更大的贡献!

发展航天事业，建设航天强国[*]

（二〇一六年四月——二〇二二年五月）

一

探索浩瀚宇宙，发展航天事业，建设航天强国，是我们不懈追求的航天梦。经过几代航天人的接续奋斗，我国航天事业创造了以"两弹一星"、载人航天、月球探测为代表的辉煌成就，走出了一条自力更生、自主创新的发展道路，积淀了深厚博大的航天精神。设立"中国航天日"，就是要铭记历史、传承精神，激发全民尤其是青少年崇尚科学、探索未知、敢于创新的热情，为实现中华民族伟大复兴的中国梦凝聚强大力量。

（二〇一六年四月在首个"中国航天日"到来之际作出的指示）

---

[*] 这是习近平同志二〇一六年四月至二〇二二年五月期间文稿中有关发展航天事业，建设航天强国内容的节录。

二

　　星空浩瀚无比，探索永无止境，只有不断创新，中华民族才能更好走向未来。我们正在实施创新驱动发展战略，这是决定我国发展未来的重大战略。航天科技是科技进步和创新的重要领域，航天科技成就是国家科技水平和科技能力的重要标志。航天科技取得的创新成果极大鼓舞了中国人民的创新信念和信心，为全社会创新创造提供了强大激励。

（二〇一六年十二月二十日在会见天宫二号和神舟十一号载人飞行任务航天员及参研参试人员代表时的讲话）

三

　　空间实验室飞行任务启动以来，我们坚持自力更生、自主创新，突破了一大批核心和关键技术，首次实现我国航天员中期在轨驻留，为建设航天强国奠定了坚实基础。我们尊重和积极调动广大航天科技工作者的创造精神，锻炼和培养了一支能够站在世界航天科技前沿、勇于开拓创新的高素质人才队伍特别是青年才俊。我们注重传承优良传统，发扬特别能吃苦、特别能战斗、特别能攻关、特别能奉献的载人航天精神，彰显了坚定的中国特色社会主义道路自信、理论自信、制度自信、文化自信，为坚持和发展中国特色社会主义增添了强大精神力量。

（二〇一六年十二月二十日在会见天宫二号和神舟十一号载人飞行任务航天员及参研参试人员代表时的讲话）

四

作为"东方红一号"任务的参与者，你们青春年华投身祖国航天事业，耄耋之年仍心系祖国航天未来，让我深受感动。

五十年前，"东方红一号"卫星发射成功，我在陕北梁家河听到这一消息十分激动。当年，你们发愤图强、埋头苦干，创造了令全国各族人民自豪的非凡成就，彰显了中华民族自强不息的伟大精神。老一代航天人的功勋已经牢牢铭刻在新中国史册上。不管条件如何变化，自力更生、艰苦奋斗的志气不能丢。新时代的航天工作者要以老一代航天人为榜样，大力弘扬"两弹一星"精神，敢于战胜一切艰难险阻，勇于攀登航天科技高峰，让中国人探索太空的脚步迈得更稳更远，早日实现建设航天强国的伟大梦想。

（二〇二〇年四月二十三日给孙家栋、王希季等参与"东方红一号"任务的老科学家的回信）

五

北斗三号全球卫星导航系统的建成开通，充分体现了我国社会主义制度集中力量办大事的政治优势，对提升我国综合国力，对推动疫情防控常态化条件下我国经济发展和民生改善，对推动当前国际经济形势下我国对外开放，对进一步增强民族自信心、努力实现"两个一百年"奋斗目标，具有十分重要的意义。二十六年来，参与北斗系统研制建设的全体人员迎难而上、敢打硬仗、接续奋斗，发扬"两弹一星"精神，培育了新时代北斗精神，要传承好、弘扬好。要推广北斗系统应用，做好确保系统稳定运行等后续各项工作，为推动我国经济社会发展、推动构建人类命运共同体作出新的更大贡献。

(二〇二〇年七月三十一日在北斗三号全球卫星导航系统建成暨开通仪式结束后参观北斗系统建设发展成果展览展示时的讲话)

六

嫦娥五号任务的圆满成功，标志着探月工程"绕、落、回"三步走规划圆满收官，是发挥新型举国体制优势攻坚克难取得的又一重大成就，是航天强国建设征程中的重要里程碑，对我国航天事业发展具有十分重要的意义。十七年来，参与探月工程研制建设的全体人员大力弘扬追逐梦想、勇于探索、协同攻坚、合作共赢的探月精神，不断攀登新的科技高峰，可喜可贺、令人欣慰。探索浩瀚宇宙是人类的共同梦想，要推动实施好探月工程四期，一步一个脚印开启星际探测新征程。要继续发挥新型举国体制优势，加大自主创新工作力度，统筹谋划，再接再厉，推动中国航天空间科学、空间技术、空间应用创新发展，积极开展国际合作，为增进人类福祉作出新的更大贡献。

(二〇二一年二月二十二日在会见探月工程嫦娥五号任务参研参试人员代表并参观月球样品和探月工程成果展览时的讲话)

七

建造空间站、建成国家太空实验室，是实现我国载人航天工程"三步走"战略的重要目标，是建设科技强国、航天强国的重要引领性工程。天和核心舱发射成功，标志着我国空间站建造进入全面实施阶段，为后续任务展开奠定了坚实基础。希望你们大力弘扬"两弹一星"精神和载人航天精神，自立自强、创新超越，夺取空间站建造任务全面胜利，为全面建设社会主义现代化国家作出新的更大的贡献！

(二〇二一年四月二十九日致中国空间站天和核心舱

发射任务成功的贺电）

八

天问一号探测器着陆火星，迈出了我国星际探测征程的重要一步，实现了从地月系到行星际的跨越，在火星上首次留下中国人的印迹，这是我国航天事业发展的又一具有里程碑意义的进展。你们勇于挑战、追求卓越，使我国在行星探测领域进入世界先进行列，祖国和人民将永远铭记你们的卓越功勋！

希望你们再接再厉，精心组织实施好火星巡视科学探测，坚持科技自立自强，精心推进行星探测等航天重大工程，加快建设航天强国，为探索宇宙奥秘、促进人类和平与发展的崇高事业作出新的更大贡献！

（二〇二一年五月十五日致我国首次火星探测任务天问一号探测器成功着陆火星的贺电）

九

九年来，从天宫、北斗、嫦娥到天和、天问、羲和，中国航天不断创造新的历史，一大批航天青年挑大梁、担重任，展现了新时代中国青年奋发进取的精神风貌。

建设航天强国要靠一代代人接续奋斗。希望广大航天青年弘扬"两弹一星"精神、载人航天精神,勇于创新突破,在逐梦太空的征途上发出青春的夺目光彩,为我国航天科技实现高水平自立自强再立新功。

(二〇二二年五月二日给中国航天科技集团空间站建造青年团队的回信)

为建设世界科技强国而奋斗[*]

（二〇一六年五月三十日）

各位院士，同志们，朋友们：

今天，我们在这里召开全国科技创新大会、两院院士大会、中国科协第九次全国代表大会。四千名代表齐聚一堂，群英荟萃，少长咸集，共商国家科技创新大计。这是共和国历史上的又一次科技盛会。

一九五六年一月，毛泽东同志等党和国家领导人以及一千三百多名领导干部，在中南海怀仁堂听取中国科学院四位学部主任关于国内外科技发展的报告，党中央向全党全国发出"向科学进军"的号召。其后十年，在各方共同努力下，我国建立了学科齐全的科学研究体系、工业技术体系、国防科技体系、地方科技体系，取得了以"两弹一星"为标志的一批重大科技成果。

一九七八年，党中央召开全国科学大会，邓小平同志在大会上作出科学技术是生产力的重要论断，我国迎来"科学的春天"。一九九五年，党中央、国务院召开

---

[*] 这是习近平同志在全国科技创新大会、两院院士大会、中国科协第九次全国代表大会上的讲话。

全国科学技术大会，江泽民同志发表重要讲话，号召大力实施科教兴国战略，形成实施科教兴国战略热潮。二〇〇六年，党中央、国务院再次召开全国科学技术大会，胡锦涛同志发表重要讲话，部署实施《国家中长期科学和技术发展规划纲要（二〇〇六——二〇二〇年）》，动员全党全社会为建设创新型国家而努力奋斗。二〇一二年，党中央、国务院召开全国科技创新大会，号召我国科技界奋力创新、为全面建成小康社会提供有力科技支撑。

今天，我们在这里召开这个盛会，就是要在我国发展新的历史起点上，把科技创新摆在更加重要位置，吹响建设世界科技强国的号角。

我国现代化建设的目标是，到我们党成立一百年时建成惠及十几亿人口的更高水平的小康社会，到新中国成立一百年时基本实现现代化，建成富强民主文明和谐的社会主义现代化国家。党中央今年颁布的《国家创新驱动发展战略纲要》明确，我国科技事业发展的目标是，到二〇二〇年时使我国进入创新型国家行列，到二〇三〇年时使我国进入创新型国家前列，到新中国成立一百年时使我国成为世界科技强国。

两院院士和广大科技工作者是国家的财富、人民的骄傲、民族的光荣，大家责任重大、使命重大，应该努力为建成创新型国家、建成世界科技强国作出新的更大的贡献！

各位院士，同志们、朋友们！

历史经验表明，科技革命总是能够深刻改变世界发展格局。十六、十七世纪的科学革命标志着人类知识增长的重大转折。十八世纪出现了蒸汽机等重大发明，成就了第一次工业革命，开启了人类社会现代化历程。十九世纪，科学技术突飞猛进，催生了由机械化转向电气化的第二次工业革命。二十世纪前期，量子论、相对论的诞生形成了第二次科学革命，继而发生了信息科学、生命科学变革，基于新科学知识的重大技术突破层出不穷，引发了以航空、电子技术、核能、航天、计算机、互联网等为里程碑的技术革命，极大提高了人类认识自然、利用自然的能力和社会生产力水平。一些国家抓住科技革命的难得机遇，实现了经济实力、科技实力、国防实力迅速增强，综合国力快速提升。

在绵延五千多年的文明发展进程中，中华民族创造了闻名于世的科技成果。我们的先人在农、医、天、算等方面形成了系统化的知识体系，取得了以四大发明为代表的一大批发明创造。马克思说："火药、指南针、印刷术——这是预告资产阶级社会到来的三大发明。火药把骑士阶层炸得粉碎，指南针打开了世界市场并建立了殖民地，而印刷术则变成新教的工具，总的来说变成科学复兴的手段，变成对精神发展创造必要前提的最强大的杠杆。"

近代以后，由于国内外各种原因，我国屡次与科技革命失之交臂，从世界强国变为任人欺凌的半殖民地半封建国家，我们的民族经历了一个多世纪列强侵略、战乱不止、社会动荡、人民流离失所的深重苦难。在那个国家积贫积弱的年代，多少怀抱科学救国、教育救国理想的人们报国无门，留下了深深的遗憾。

经过新中国成立以来特别是改革开放以来不懈努力，我国科技发展取得举世瞩目的伟大成就，科技整体能力持续提升，一些重要领域方向跻身世界先进行列，某些前沿方向开始进入并行、领跑阶段，正处于从量的积累向质的飞跃、点的突破向系统能力提升的重要时期。

多复变函数论、陆相成油理论、人工合成牛胰岛素等成就，高温超导、中微子物理、量子反常霍尔效应、纳米科技、干细胞研究、肿瘤早期诊断标志物、人类基因组测序等基础科学突破，"两弹一星"、超级杂交水稻、汉字激光照排、高性能计算机、三峡工程、载人航天、探月工程、移动通信、量子通讯、北斗导航、载人深潜、高速铁路、航空母舰等工程技术成果，为我国成为一个有世界影响的大国奠定了重要基础。从总体上看，我国在主要科技领域和方向上实现了邓小平同志提出的"占有一席之地"的战略目标，正处在跨越发展的关键时期。

现在，我们比历史上任何时期都更接近实现中华民族伟大复兴的目标，比历史上任何时期都更有信心、更有能力实现这个目标。我们要抓住这一历史机遇，同时我们要牢记，中华民族伟大复兴绝不是轻轻松松就能实现的。科技兴则民族兴，科技强则国家强。实现"两个一百年"奋斗目标，实现中华民族伟大复兴的中国梦，必须坚持走中国特色自主创新道路，面向世界科技前沿、面向经济主战场、面向国家重大需求，加快各领域科技创新，掌握全球科技竞争先机。这是我们提出建设世界科技强国的出发点。

各位院士，同志们、朋友们！

纵观人类发展历史，创新始终是一个国家、一个民族发展的重要力量，也始终是推动人类社会进步的重要力量。不创新不行，创新慢了也不行。如果我们不识变、不应变、不求变，就可能陷入战略被动，错失发展机遇，甚至错过整整一个时代。实施创新驱动发展战略，是应对发展环境变化、把握发展自主权、提高核心竞争力的必然选择，是加快转变经济发展方式、破解经济发展深层次矛盾和问题的必然选择，是更好引领我国经济发展新常态、保持我国经济持续健康发展的必然选择。

科技是国之利器，国家赖之以强，企业赖之以赢，人民生活赖之以好。中国要强，中国人民生活要好，必须有强大科技。新时期、新形势、新任务，要求我们在科技创新方面有新理念、新设计、新战略。我们要深入贯彻新发展理念，深入实施科教兴国战略和人才强国战略，深入实施创新驱动发展战略，统筹谋划，加强组织，优化我国科技事业发展总体布局。

第一，夯实科技基础，在重要科技领域跻身世界领先行列。推动科技发展，必须准确判断科技突破方向。判断准了就能抓住先机。"虽有智慧，不如乘势。"历史经验表明，那些抓住科技革命机遇走向现代化的国家，都是科学基础雄厚的国家；那些抓住科技革命机遇成为世界强国的国家，都是在重要科技领域处于领先行列的国家。

综合判断，我国已经成为具有重要影响力的科技大国，科技创新对经济社会发展的支撑和引领作用日益增强。同时，必须认识到，同建设世界科技强国的目标相比，我国发展还面临重大科技瓶颈，关键领域核心技术受制于人的格局没有从根本上改变，科技基础仍然薄弱，科技创新能力特别是原创能力还有很大差距。

科学技术是世界性、时代性的，发展科学技术必须具有全球视野、把握时代脉搏。当今世界，新一轮科技革命蓄势待发，物质结构、宇宙演化、生命起源、意识本质等一些重大科学问题的原创性突破正在开辟新前沿新方向，一些重大颠覆性技术创新正在创造新产业新业态，信息技术、生物技术、制造技术、新材料技术、新能源技术广泛渗透到几乎所有领域，带动了以绿色、智能、泛在为特征的群体性重大技术变革，大数据、云计算、移动互联网等新一代信息技术同机器人和智能制造技术相互融合步伐加快，科技创新链条更加灵巧，技术更新和成果转化更加快捷，产业更新换代不断加快，使社会生产和消费从工业化向自动化、智能化转变，社会生产力将再次大提高，劳动生产率将再次大飞跃。

抓科技创新，不能等待观望，不可亦步亦趋，当有只争朝夕的劲头。时不我待，我们必须增强紧迫感，及时确立发展战略，全面增强自主创新能力。我国科技界要坚定创新自信，坚定敢为天下先的志向，在独创独有上下功夫，勇于挑战最前沿的科学问题，提出更多原创理论，作出更多原创发现，力争在重要科技领域实现跨越发展，跟上甚至引领世界科技发展新方向，掌握新一轮全球科技竞争的战略主动。

第二，强化战略导向，破解创新发展科技难题。科技创新的战略导向十分紧要，必须抓准，以此带动科技难题的突破。当前，国家对战略科技支撑的需求比以往任何时期都更加迫切。这里，我举几个例子。从理论上讲，地球内部可利用的成矿空间分布在从地表到地下一万米，目前世界先进水平勘探开采深度已达二千五百米至四千米，而我国大多小于五百米，向地球深部进军是我们必须解决的战略科技问题。材料是制造业的基础，目前我国在先进高端材料研发和生产方面差距甚大，关键高端材料远未实现自主供给。我国很多重要专利药物市场绝大多数被国外公司占据，高端医疗装备主要依赖进口，成为看病贵的主要原因之一，而创新药物研发集中体现了生命科学和生物技术领域前沿新成就和新突破，先进医疗设备研发体现了多学科交叉融合与系统集成。脑连接图谱研究是认知脑功能并进而探讨意识本质的科学前沿，这方面探索不仅有重要科学意义，而且对脑疾病防治、智能技术发展也具有引导作用。深海蕴藏着地球上远未认知和开发的宝藏，但要得到这些宝藏，就必须在深海进入、深海探测、深海开发方面掌握关键技术。空间技术深刻改变了人类对宇宙的认知，为人类社会进步提供了重要动力，同时浩瀚的空天还有许多未知的奥秘有待探索，必须推动空间科学、空间技术、空间应用全面发展。这样的领域还有很多。党中央已经确定了我国科技面向二〇三〇年的长远战略，决定实施一批重大科技项目和工程，要加快推进，围绕国家重大战略需求，着力攻破关键核心技术，抢占事关长远和全局的科技战略制高点。

成为世界科技强国，成为世界主要科学中心和创新高地，必须拥有一批世界一流科研机构、研究型大学、创新型企业，能够持续涌现一批重大原创性科学成果。党的十八届五中全会提出，要在重大创新领域组建一批国家实验室。这是一项对我国科技创新具有战略意义的举措。要以国家实验室建设为抓手，强化国家战略科技力量，在明确国家目标和紧迫战略需求的重大领域，在有望引领未来发展的战略制高点，以重大科技任务攻关和国家大型科技基础设施为主线，依托最有优势的创新单元，整合全国创新资源，建立目标导向、绩效管理、协同攻关、开放共享的新型运行机制，建设突破型、引领型、平台型一体的国家实验室。这样的国家实验室，应该成为攻坚克难、引领发展的战略科技力量，同其他各类科研机构、大学、企业研发机构形成功能互补、良性互动的协同创新新格局。

第三，加强科技供给，服务经济社会发展主战场。"穷理以致其知，反躬以践其实。"科学研究既要追求知识和真理，也要服务于经济社会发展和广大人民群众。广大科技工作者要把论文写在祖国的大地上，把科技成果应用在实现现代化的伟大事业中。

经过改革开放三十多年努力，我国经济总量已经居世界第二。同时，我国经济发展不少领域大而不强、大而不优。新形势下，长期以来主要依靠资源、资本、劳动力等要素投入支撑经济增长和规模扩张的方式已不可持续，我国发展正面临着动力转换、方式转变、结构调整的繁重任务。现在，我国低成本资源和要素投入形成的驱动力明显减弱，需要依靠更多更好的科技创新为经济发展注入新动力；社会发展面临人口老龄化、消除贫困、保障人民健康等多方面挑战，需要依靠更多更好的科技创新实现经济社会协调发展；生态文明发展面临日益严峻的环境污染，需要依靠更多更好的科技创新建设天蓝、地绿、水清的美丽中国；能源安全、粮食安全、网络安全、生态安全、生物安全、国防安全等风险压力不断增加，需要依靠更多更好的科技创新保障国家安全。所以说，科技创新是核心，抓住了科技创新就抓住了牵动我国发展全局的"牛鼻子"。

推动我国经济社会持续健康发展，推进供给侧结构性改革，落实好"三去一降一补"任务，必须在推动发展的内生动力和活力上来一个根本性转变，塑造更多依靠创新驱动、更多发挥先发优势的引领性发展。要深入研究和解决经济和产业发展亟需的科技问题，围绕促进转方式调结构、建设现代产业体系、培育战略性新兴产业、发展现代服务业等方面需求，推动科技成果转移转化，推动产业和产品向价值链中高端跃升。

发展不协调是我国长期存在的突出问题，集中表现在区域、城乡、经济和社会、物质文明和精神文明、经济建设和国防建设等关系上。我们要立足于科技创新，释放创新驱动的原动力，让创新成为发展基点，拓展发展新空间，创造发展新机遇，打造发展新引擎，促进新型工业化、信息化、城镇化、农业现代化同步发展，提升发展整体效能，在新的发展水平上实现协调发展。

绿色发展是生态文明建设的必然要求，代表了当今科技和产业变革方向，是最有前途的发展领域。人类发展活动必须尊重自然、顺应自然、保护自然，否则就会受到大自然的报复。这个规律谁也无法抗拒。要加深对自然规律的认识，自觉以对规律的认识指导行动。不仅要研究生态恢复治理防护的措施，而且要加深对生物多样性等科学规律的认识；不仅要从政策上加强管理和保护，而且要从全球变化、碳循环机理等方面加深认识，依靠科技创新破解绿色发展难题，形成人与自然和谐发展新格局。

国际经济合作和竞争局面正在发生深刻变化，全球经济治理体系和规则正在面临重大调整。经济全球化表面上看是商品、资本、信息等在全球广泛流动，但本质上主导这种流动的力量是人才、是科技创新能力。要增强我们引领商品、资本、信息等全球流动的能力，推动形成对外开放新格局，增强参与全球经济、金融、贸易规则制订的实力和能力，在更高水平上开展国际经济和科技创新合作，在更广泛的利益共同体范围内参与全球治理，实现共同发展。

人民的需要和呼唤，是科技进步和创新的时代声音。随着经济社会不断发展，我国十三亿多人民过上美好生活的新期待日益上升，提高社会发展水平、改善人民生活、增强人民健康素质对科技创新提出了更高要求。要想人民之所想、急人民之所急，聚焦重大疾病防控、食品药品安全、人口老龄化等重大民生问题，大幅增加公共科技供给，让人民享有更宜居的生活环境、更好的医疗卫生服务、更放心的食品药品。要依靠科技创新建设低成本、广覆盖、高质量的公共服务体系。要加强普惠和公共科技供给，发展低成本疾病防控和远程医疗技术，实现优质医疗卫生资源普惠共享。要发展信息网络技术，消除不同收入人群、不同地区间的数字鸿沟，努力实现优质文化教育资源均等化。

第四，深化改革创新，形成充满活力的科技管理和运行机制。创新是一个系统工程，创新链、产业链、资金链、政策链相互交织、相互支撑，改革只在一个环节或几个环节搞是不够的，必须全面部署，并坚定不移推进。科技创新、制度创新要协同发挥作用，两个轮子一起转。

我们最大的优势是我国社会主义制度能够集中力量办大事。这是我们成就事业的重要法宝。过去我们取得重大科技突破依靠这一法宝，今天我们推进科技创新跨越也要依靠这一法宝，形成社会主义市场经济条件下集中力量办大事的新机制。

要以推动科技创新为核心，引领科技体制及其相关体制深刻变革。要加快建立科技咨询支撑行政决策的科技决策机制，加强科技决策咨询系统，建设高水平科技智库。要加快推进重大科技决策制度化，解决好实际存在的部门领导拍脑袋、科技专家看眼色行事等问题。要完善符合科技创新规律的资源配置方式，解决简单套用行政预算和财务管理方法管理科技资源等问题，优化基础研究、战略高技术研究、社会公益类研究的支持方式，力求科技创新活动效率最大化。要着力改革和创新科研经费使用和管理方式，让经费为人的创造性活动服务，而不能让人的创造性活动为经费服务。要改革科技评价制度，建立以科技创新质量、贡献、绩效为导向的分类评价体系，正确评价科技创新成果的科学价值、技术价值、经济价值、社会价值、文化价值。

企业是科技和经济紧密结合的重要力量，应该成为技术创新决策、研发投入、科研组织、成果转化的主体。要制定和落实鼓励企业技术创新各项政策，强化企业创新倒逼机制，加强对中小企业技术创新支持力度，推动流通环节改革和反垄断反不正当竞争，引导企业加快发展研发力量。要加快完善科技成果使用、处置、收益管理制度，发挥市场在资源配置中的决定性作用，让机构、人才、装置、资金、项目都充分活跃起来，形成推动科技创新强大合力。要调整现有行业和地方的科研机构，充实企业研发力量，支持依托企业建设国家技术创新中心，培育有国际影响力的行业领军企业。

科研院所和研究型大学是我国科技发展的主要基础所在，也是科技创新人才的摇篮。要优化科研院所和研究型大学科研布局。科研院所要根据世界科技发展态势，优化自身科技布局，厚实学科基础，培育新兴交叉学科生长点，重点加强共性、公益、可持续发展相关研究，增加公共科技供给。研究型大学要加强学科建设，重点开展自由探索的基础研究。要加强科研院所和高校合作，使目标导向研究和自由探索相互衔接、优势互补，形成教研相长、协同育人新模式，打牢我国科技创新的科学和人才基础。

发挥各地在创新发展中的积极性和主动性，对形成国家科技创新合力十分重要。要围绕"一带一路"建设、长江经济带发展、京津冀协同发展等重大规划，尊重科技创新的区域集聚规律，因地制宜探索差异化的创新发展路径，加快打造具有全球影响力的科技创新中心，建设若干具有强大带动力的创新型城市和区域创新中心。

第五，弘扬创新精神，培育符合创新发展要求的人才队伍。"功以才成，业由才广。"科学技术是人类的伟大创造性活动。一切科技创新活动都是人做出来的。我国要建设世界科技强国，关键是要建设一支规模宏大、结构合理、素质优良的创新人才队伍，激发各类人才创新活力和潜力。要极大调动和充分尊重广大科技人员的创造精神，激励他们争当创新的推动者和实践者，使谋划创新、推动创新、落实创新成为自觉行动。

我国科技队伍规模是世界上最大的，这是产生世界级科技大师、领军人才、尖子人才的重要基础。科技人才培育和成长有其规律，要大兴识才爱才敬才用才之风，为科技人才发展提供良好环境，在创新实践中发现人才、在创新活动中培育人才、在创新事业中凝聚人才，聚天下英才而用之，让更多"千里马"竞相奔腾。要改革人才培养、引进、使用等机制，努力造就一大批能够把握世界科技大势、研判科技发展方向的战略科技人才，培养一大批善于凝聚力量、统筹协调的科技领军人才，培养一大批勇于创新、善于创新的企业家和高技能人才。要完善创新人才培养模式，强化科学精神和创造性思维培养，加强科教融合、校企联合等模式，培养造就一大批熟悉市场运作、具备科技背景的创新创业人才，培养造就一大批青年科技人才。要营造良好学术环境，弘扬学术道德和科研伦理，在全社会营造鼓励创新、宽容失败的氛围。要加强知识产权保护，积极实行以增加知识价值为导向的分配政策，包括提高科研人员成果转化收益分享比例，探索对创新人才实行股权、期权、分红等激励措施，让他们各得其所。

在基础研究领域，包括一些应用科技领域，要尊重科学研究灵感瞬间性、方式随意性、路径不确定性的特点，允许科学家自由畅想、大胆假设、认真求证。不要以出成果的名义干涉科学家的研究，不要用死板的制度约束科学家的研究活动。很多科学研究要着眼长远，不能急功近利，欲速则不达。要让领衔科技专家有职有权，有更大的技术路线决策权、更大的经费支配权、更大的资源调动权，防止瞎指挥、乱指挥。要建立相应责任制和问责制度，切实解决不同程度存在的一哄而起、搞大拼盘等问题。政府科技管理部门要抓战略、抓规划、抓政策、抓服务，发挥国家战略科技力量建制化优势。

科技创新、科学普及是实现创新发展的两翼，要把科学普及放在与科技创新同等重要的位置。没有全民科学素质普遍提高，就难以建立起宏大的高素质创新大军，难以实现科技成果快速转化。希望广大科技工作者以提高全民科学素质为己任，把普及科学知识、弘扬科学精神、传播科学思想、倡导科学方法作为义不容辞的责任，在全社会推动形成讲科学、爱科学、学科学、用科学的良好氛围，使蕴藏在亿万人民中间的创新智慧充分释放、创新力量充分涌流。

中国科学院、中国工程院是我国科技大师荟萃之地，要发挥好国家高端科技智库功能，组织广大院士围绕事关科技创新发展全局和长远问题，善于把握世界科技发展大势、研判世界科技革命新方向，为国家科技决策提供准确、前瞻、及时的建议。要发挥好最高学术机构学术引领作用，把握好世界科技发展大势，敏锐抓住科技革命新方向。"桐花万里丹山路，雏凤清于老凤声。"科技创新，贵在接力。希望广大院士发挥好科技领军作用，团结带领全国科技界特别是广大青年科技人才为建设世界科技强国建功立业。

中国科协各级组织要坚持为科技工作者服务、为创新驱动发展服务、为提高全民科学素质服务、为党和政府科学决策服务的职责定位，推动开放型、枢纽型、平台型科协组织建设，接长手臂，扎根基层，团结引领广大科技工作者积极进军科技创新，组织开展创新争先行动，促进科技繁荣发展，促进科学普及和推广，真正成为党领导下团结联系广大科技工作者的人民团体，成为科技创新的重要力量。

各级党委和政府要肩负起领导和组织创新发展的责任，善于调动各方面创新要素，善于发挥各类人才积极性，共同为建设创新型国家、建设世界科技强国凝心聚力。

各位院士，同志们、朋友们！

中国实现现代化，是人类历史上前所未有的大变革。中国实现了现代化，意味着比现在所有发达国家人口总和还要多的中国人民将进入现代化行列。从现在起到新中国成立一百年只有三十多年时间，我们的前景十分光明，我们的任务十分繁重。

有多大担当才能干多大事业，尽多大责任才能有多大成就。两院院士和广大科技工作者要发扬我国科技界追求真理、服务国家、造福人民的优良传统，勇担重任，勇攀高峰，当好建设世界科技强国的排头兵。

让我们扬起十三亿多中国人民对美好生活憧憬的风帆，发动科技创新的强大引擎，让中国这艘航船，向着世界科技强国不断前进，向着中华民族伟大复兴不断前进，向着人类更加美好的未来不断前进！

大力弘扬科学家精神，勇于攀登科技高峰[*]

（二〇一六年六月——二〇二二年十一月）

一

李保国同志三十五年如一日，坚持全心全意为人民服务的宗旨，长期奋战在扶贫攻坚和科技创新第一线，把毕生精力投入到山区生态建设和科技富民事业之中，用自己的模范行动彰显了共产党员的优秀品格，事迹感人至深。李保国同志堪称新时期共产党人的楷模，知识分子的优秀代表，太行山上的新愚公。广大党员、干部和教育、科技工作者要学习李保国同志心系群众、扎实苦干、奋发作为、无私奉献的高尚精神，自觉为人民服务、为人民造福，努力做出无愧于时代的业绩。

（二〇一六年六月对李保国同志先进事迹作出的批示）

---

[*] 这是习近平同志二〇一六年六月至二〇二二年十一月期间文稿中有关大力弘扬科学家精神，勇于攀登科技高峰内容的节录。

二

我们要以黄大年同志为榜样，学习他心有大我、至诚报国的爱国情怀，学习他教书育人、敢为人先的敬业精神，学习他淡泊名利、甘于奉献的高尚情操，把爱国之情、报国之志融入祖国改革发展的伟大事业之中、融入人民创造历史的伟大奋斗之中，从自己做起，从本职岗位做起，为实现"两个一百年"奋斗目标、实现中华民族伟大复兴的中国梦贡献智慧和力量。

（二〇一七年五月二十四日对黄大年同志先进事迹作出的指示）

三

大家对创新创造的思考和实践，体现了新时代我国广大科技工作者矢志报国的情怀。值此"全国科技工作者日"到来之际，我向你们、向全国科技工作者致以诚挚的问候！

创新是引领发展的第一动力，科技是战胜困难的有力武器。面对突如其来的新冠肺炎疫情，全国科技工作者迎难而上、攻坚克难，在临床救治、疫苗研发、物质保障、大数据应用等方面夜以继日攻关，为疫情防控斗争提供了科技支撑。希望全国科技工作者弘扬优良传统，坚定创新自信，着力攻克关键核心技术，促进产学研深度融合，勇于攀登科技高峰，为把我国建设成为世界科技强国作出新的更大的贡献。

(二〇二〇年五月二十九日给袁隆平、钟南山、叶培建等二十五位科技工作者代表的回信)

四

全面建设社会主义现代化国家，必须坚持科技为先，发挥科技创新的关键和中坚作用。广大科技工作者要以南仁东等杰出科学家为榜样，大力弘扬科学家精神，勇攀世界科技高峰，在一些领域实现并跑领跑，为加快建设科技强国、实现科技自立自强作出新的更大贡献。

(二〇二一年二月三日至五日春节前夕赴贵州看望慰问各族干部群众时的讲话)

五

你们以罗阳同志为榜样，扎根航空装备研制一线，在急难险重任务中携手拼搏奉献，这种团结奋斗的精神非常可贵。

你们在信中表示，要深入学习贯彻党的二十大精神，让青春在建设航空强国的火热实践中绽放光芒，说得很好。把党的二十大描绘的宏伟蓝图变成现实，需要各行各业青年勇挑重担、冲锋在前。希望你们继续弘扬航空报国精神，心往一处想，劲往一处使，在推动航空科技自立自强上奋勇攀登，在促进航空工业高质量发展上积极作为，争做有理想、敢担当、能吃苦、肯奋斗的新时代好青年，为全面建设社会主义现代化国家、全面推进中华民族伟大复兴作出新贡献。

(二〇二二年十一月十二日给中国航空工业集团沈飞"罗阳青年突击队"队员们的回信)

重视科学普及,不断提高
广大人民科学文化素质[*]

(二〇一六年七月——二〇一八年九月)

一

科技创新、科学普及是实现创新发展的两翼。希望你们以建馆百年为新起点,不忘初心、与时俱进,以提高全民科学素质为己任,以真诚服务青少年为重点,更好发挥地学研究基地、科普殿堂的作用,努力把中国地质博物馆办得更好、更有特色,为建设世界科技强国、实现中华民族伟大复兴的中国梦再立新功。

(二〇一六年七月二十日致中国地质博物馆建馆一百周年的贺信)

---

* 这是习近平同志二〇一六年七月至二〇一八年九月期间文稿中有关重视科学普及,不断提高广大人民科学文化素质内容的节录。

二

知道由你们设计研制的科普小卫星即将发射，我非常高兴。中学生设计研制科普卫星是一次很好的尝试，你们攀登科技高峰的热情和勇气让我感到欣慰。

你们在来信中表示，要让这颗小卫星发挥启明星一样的作用，不断激发自己科学探索的热情。希望你们保持对知识的渴望，保持对探索的兴趣，培育科学精神，刻苦学习，努力实践，带动更多青少年讲科学、爱科学、学科学、用科学，努力成长为祖国的栋梁之材，将来更好为实现中华民族伟大复兴的中国梦贡献力量。

（二〇一六年十二月二十四日给北京市八一学校科普小卫星研制团队学生的回信）

三

中国高度重视科学普及，不断提高广大人民科学文化素质。中国积极同世界各国开展科普交流，分享增强人民科学素质的经验做法，以推动共享发展成果、共建繁荣世界。希望各位嘉宾在本次大会期间就普及科学知识、弘扬科学精神、传播科学思想、倡导科学方法积极交流互鉴，为增强公众科学素质、促进科学成果共享、推动构建人类命运共同体作出贡献。

（二〇一八年九月致世界公众科学素质促进大会的贺信）

加快推进网络信息技术自主创新[*]

（二〇一六年十月九日）

加快推进网络信息技术自主创新，加快数字经济对经济发展的推动，加快提高网络管理水平，加快增强网络空间安全防御能力，加快用网络信息技术推进社会治理，加快提升我国对网络空间的国际话语权和规则制定权，朝着建设网络强国目标不懈努力。

当今世界，网络信息技术日新月异，全面融入社会生产生活，深刻改变着全球经济格局、利益格局、安全格局。世界主要国家都把互联网作为经济发展、技术创新的重点，把互联网作为谋求竞争新优势的战略方向。虽然我国网络信息技术和网络安全保障取得了不小成绩，但同世界先进水平相比还有很大差距。我们要统一思想、提高认识，加强战略规划和统筹，加快推进各项工作。

网络信息技术是全球研发投入最集中、创新最活跃、应用最广泛、辐射带动作用最大的技术创新领域，

---

[*] 这是习近平同志主持中共十八届中央政治局第三十六次集体学习时讲话的要点。

是全球技术创新的竞争高地。我们要顺应这一趋势，大力发展核心技术，加强关键信息基础设施安全保障，完善网络治理体系。要紧紧牵住核心技术自主创新这个"牛鼻子"，抓紧突破网络发展的前沿技术和具有国际竞争力的关键核心技术，加快推进国产自主可控替代计划，构建安全可控的信息技术体系。要改革科技研发投入产出机制和科研成果转化机制，实施网络信息领域核心技术设备攻坚战略，推动高性能计算、移动通信、量子通信、核心芯片、操作系统等研发和应用取得重大突破。

世界经济加速向以网络信息技术产业为重要内容的经济活动转变。我们要把握这一历史契机，以信息化培育新动能，用新动能推动新发展。要加大投入，加强信息基础设施建设，推动互联网和实体经济深度融合，加快传统产业数字化、智能化，做大做强数字经济，拓展经济发展新空间。

互联网新技术新应用不断发展，使互联网的社会动员功能日益增强。要传播正能量，提升传播力和引导力。要严密防范网络犯罪特别是新型网络犯罪，维护人民群众利益和社会和谐稳定。要发挥网络传播互动、体验、分享的优势，听民意、惠民生、解民忧，凝聚社会共识。网上网下要同心聚力、齐抓共管，形成共同防范社会风险、共同构筑同心圆的良好局面。要维护网络空间安全以及网络数据的完整性、安全性、可靠性，提高维护网络空间安全能力。

随着互联网特别是移动互联网发展，社会治理模式正在从单向管理转向双向互动，从线下转向线上线下融合，从单纯的政府监管向更加注重社会协同治理转变。我们要深刻认识互联网在国家管理和社会治理中的作用，以推行电子政务、建设新型智慧城市等为抓手，以数据集中和共享为途径，建设全国一体化的国家大数据中心，推进技术融合、业务融合、数据融合，实现跨层级、跨地域、跨系统、跨部门、跨业务的协同管理和服务。要强化互联网思维，利用互联网扁平化、交互式、快捷性优势，推进政府决策科学化、社会治理精准化、公共服务高效化，用信息化手段更好感知社会态势、畅通沟通渠道、辅助决策施政。

要理直气壮维护我国网络空间主权，明确宣示我们的主张。现在，各级领导干部特别是高级干部，如果不懂互联网、不善于运用互联网，就无法有效开展工作。各级领导干部要学网、懂网、用网，积极谋划、推动、引导互联网发展。要正确处理安全和发展、开放和自主、管理和服务的关系，不断提高对互联网规律的把握能力、对网络舆论的引导能力、对信息化发展的驾驭能力、对网络安全的保障能力，把网络强国建设不断推向前进。

农业农村现代化
关键在科技、在人才*

（二〇一七年五月——二〇二二年四月）

一

六十年来，中国农业科学院牢记使命、勇于担当，以解决我国农业发展重大科技问题为己任，取得一大批具有国际先进水平的重大原创成果，培养造就了一大批农业科技领军人才，为我国"三农"事业发展作出重要贡献。

中国是农业大国，有着悠久农耕历史和灿烂农耕文化。农业现代化关键在科技进步和创新。要立足我国国情，遵循农业科技规律，加快创新步伐，努力抢占世界农业科技竞争制高点，牢牢掌握我国农业科技发展主动权，为我国由农业大国走向农业强国提供坚实科技支撑。

作为农业科研国家队，中国农业科学院要面向世界

---

* 这是习近平同志二〇一七年五月至二〇二二年四月期间文稿中有关农业农村现代化关键在科技、在人才内容的节录。

农业科技前沿、面向国家重大需求、面向现代农业建设主战场，加快建设世界一流学科和一流科研院所，勇攀高峰，率先跨越，推动我国农业科技整体跃升，为实现"两个一百年"奋斗目标、实现中华民族伟大复兴的中国梦作出新的更大的贡献。

（二〇一七年五月二十六日致中国农业科学院建院六十周年的贺信）

二

中国农学会是我国历史悠久的农业学术性群众团体，是中国近现代农业科技发展的亲历者和推动者。新中国成立以来特别是改革开放以来，中国农学会紧紧围绕党中央关于"三农"工作的决策部署，以推动农业科技进步、农业农村现代化为己任，积极促进农业科技创新发展和普及应用，积极促进农业科技人才成长，成为推动我国"三农"事业发展的一支重要力量。

当前，中国特色社会主义进入新时代。实施乡村振兴战略，推进供给侧结构性改革，推动农业绿色发展，深化精准扶贫，提高广大农民生活水平，对农业科技和农业农村人才提出了新的要求。希望中国农学会发扬传统，与时俱进，团结带领广大农业科技工作者，面向农业科技创新主战场，在推动我国"三农"事业发展中发挥更大作用，为实现"两个一百年"奋斗目标、实现中华民族伟大复兴的中国梦作出新的更大的贡献。

（二〇一七年十二月十二日致中国农学会成立一百周年的贺信）

三

中国现代化离不开农业现代化，农业现代化关键在科技、在人才。要把发展农业科技放在更加突出的位置，大力推进农业机械化、智能化，给农业现代化插上科技的翅膀。

（二〇一八年九月二十五日至二十八日在东北三省考察并主持召开深入推进东北振兴座谈会时的讲话）

四

新中国成立七十年来，全国涉农高校牢记办学使命，精心培育英才，加强科研创新，为"三农"事业发展作出了积极贡献。

中国现代化离不开农业农村现代化，农业农村现代化关键在科技、在人才。新时代，农村是充满希望的田野，是干事创业的广阔舞台，我国高等农林教育大有可为。希望你们继续以立德树人为根本，以强农兴农为己任，拿出更多科技成果，培养更多知农爱农新型人才，为推进农业农村现代化、确保国家粮食安全、提高亿万农民生活水平和思想道德素质、促进山水林田湖草系统治理，为打赢脱贫攻坚战、推进乡村全面振兴不断作出新的更大的贡献。

（二〇一九年九月五日给全国涉农高校的书记校长和专家代表的回信）

五

农业现代化，关键是农业科技现代化。要加强农业与科技融合，加强农业科技创新，科研人员要把论文写在大地上，让农民用最好的技术种出最好的粮食。要认真总结和推广梨树模式，采取有效措施切实把黑土地这个"耕地中的大熊猫"保护好、利用好，使之永远造福人民。

（二〇二〇年七月二十二日至二十四日在吉林考察时的讲话）

六

驻村干部下一步要在助推当地产业发展方面发挥作用。"三农"工作重心由脱贫攻坚转到乡村振兴后，一个是如何巩固脱贫攻坚成果，一个是怎么推进乡村振兴，要把抓农业的激情这把火烧旺一点。

（二〇二二年三月六日在看望参加全国政协十三届五次

会议的农业界、社会福利和社会保障界委员时的指示）

七

推动乡村全面振兴，关键靠人。要建设一支政治过硬、本领过硬、作风过硬的乡村振兴干部队伍，吸引包括致富带头人、返乡创业大学生、退役军人等在内的各类人才在乡村振兴中建功立业。

（二〇二二年四月十日至十三日在海南考察时的讲话）

加快建设创新型国家[*]

（二〇一七年十月十八日）

创新是引领发展的第一动力，是建设现代化经济体系的战略支撑。要瞄准世界科技前沿，强化基础研究，实现前瞻性基础研究、引领性原创成果重大突破。加强应用基础研究，拓展实施国家重大科技项目，突出关键共性技术、前沿引领技术、现代工程技术、颠覆性技术创新，为建设科技强国、质量强国、航天强国、网络强国、交通强国、数字中国、智慧社会提供有力支撑。加强国家创新体系建设，强化战略科技力量。深化科技体制改革，建立以企业为主体、市场为导向、产学研深度融合的技术创新体系，加强对中小企业创新的支持，促进科技成果转化。倡导创新文化，强化知识产权创造、保护、运用。培养造就一大批具有国际水平的战略科技人才、科技领军人才、青年科技人才和高水平创新团队。

---

* 这是习近平同志在中国共产党第十九次全国代表大会上的报告《决胜全面建成小康社会，夺取新时代中国特色社会主义伟大胜利》的一部分。

实施国家大数据战略，加快建设数字中国[*]

（二〇一七年十二月八日）

大数据发展日新月异，我们应该审时度势、精心谋划、超前布局、力争主动，深入了解大数据发展现状和趋势及其对经济社会发展的影响，分析我国大数据发展取得的成绩和存在的问题，推动实施国家大数据战略，加快完善数字基础设施，推进数据资源整合和开放共享，保障数据安全，加快建设数字中国，更好服务我国经济社会发展和人民生活改善。

大数据是信息化发展的新阶段。随着信息技术和人类生产生活交汇融合，互联网快速普及，全球数据呈现爆发增长、海量集聚的特点，对经济发展、社会治理、国家管理、人民生活都产生了重大影响。世界各国都把推进经济数字化作为实现创新发展的重要动能，在前沿技术研发、数据开放共享、隐私安全保护、人才培养等

---

[*] 这是习近平同志主持中共十九届中央政治局第二次集体学习时讲话的要点。

方面做了前瞻性布局。

要推动大数据技术产业创新发展。我国网络购物、移动支付、共享经济等数字经济新业态新模式蓬勃发展，走在了世界前列。我们要瞄准世界科技前沿，集中优势资源突破大数据核心技术，加快构建自主可控的大数据产业链、价值链和生态系统。要加快构建高速、移动、安全、泛在的新一代信息基础设施，统筹规划政务数据资源和社会数据资源，完善基础信息资源和重要领域信息资源建设，形成万物互联、人机交互、天地一体的网络空间。要发挥我国制度优势和市场优势，面向国家重大需求，面向国民经济发展主战场，全面实施促进大数据发展行动，完善大数据发展政策环境。要坚持数据开放、市场主导，以数据为纽带促进产学研深度融合，形成数据驱动型创新体系和发展模式，培育造就一批大数据领军企业，打造多层次、多类型的大数据人才队伍。

要构建以数据为关键要素的数字经济。建设现代化经济体系离不开大数据发展和应用。我们要坚持以供给侧结构性改革为主线，加快发展数字经济，推动实体经济和数字经济融合发展，推动互联网、大数据、人工智能同实体经济深度融合，继续做好信息化和工业化深度融合这篇大文章，推动制造业加速向数字化、网络化、智能化发展。要深入实施工业互联网创新发展战略，系统推进工业互联网基础设施和数据资源管理体系建设，发挥数据的基础资源作用和创新引擎作用，加快形成以创新为主要引领和支撑的数字经济。

要运用大数据提升国家治理现代化水平。要建立健全大数据辅助科学决策和社会治理的机制，推进政府管理和社会治理模式创新，实现政府决策科学化、社会治理精准化、公共服务高效化。要以推行电子政务、建设智慧城市等为抓手，以数据集中和共享为途径，推动技术融合、业务融合、数据融合，打通信息壁垒，形成覆盖全国、统筹利用、统一接入的数据共享大平台，构建全国信息资源共享体系，实现跨层级、跨地域、跨系统、跨部门、跨业务的协同管理和服务。要充分利用大数据平台，综合分析风险因素，提高对风险因素的感知、预测、防范能力。要加强政企合作、多方参与，加快公共服务领域数据集中和共享，推进同企业积累的社会数据进行平台对接，形成社会治理强大合力。要加强互联网内容建设，建立网络综合治理体系，营造清朗的网络空间。

要运用大数据促进保障和改善民生。大数据在保障和改善民生方面大有作为。要坚持以人民为中心的发展思想，推进"互联网+教育"、"互联网+医疗"、"互联网+文化"等，让百姓少跑腿、数据多跑路，不断提升公共服务均等化、普惠化、便捷化水平。要坚持问题导向，抓住民生领域的突出矛盾和问题，强化民生服务，弥补民生短板，推进教育、就业、社保、医药卫生、住房、交通等领域大数据普及应用，深度开发各类便民应用。要加强精准扶贫、生态环境领域的大数据运用，为打赢脱贫攻坚战助力，为加快改善生态环境助力。

要切实保障国家数据安全。要加强关键信息基础设施安全保护，强化国家关键数据资源保护能力，增强数据安全预警和溯源能力。要加强政策、监管、法律的统筹协调，加快法规制度建设。要制定数据资源确权、开放、流通、交易相关制度，完善数据产权保护制度。要加大对技术专利、数字版权、数字内容产品及个人隐私等的保护力度，维护广大人民群众利益、社会稳定、国家安全。要加强国际数据治理政策储备和治理规则研究，提出中国方案。

善于获取数据、分析数据、运用数据，是领导干部做好工作的基本功。各级领导干部要加强学习，懂得大数据，用好大数据，增强利用数据推进各项工作的本领，不断提高对大数据发展规律的把握能力，使大数据在各项工作中发挥更大作用。

加快建设现代化经济体系[*]

（二〇一八年一月三十日）

建设现代化经济体系是一篇大文章，既是一个重大理论命题，更是一个重大实践课题，需要从理论和实践的结合上进行深入探讨。建设现代化经济体系是我国发展的战略目标，也是转变经济发展方式、优化经济结构、转换经济增长动力的迫切要求。全党一定要深刻认识建设现代化经济体系的重要性和艰巨性，科学把握建设现代化经济体系的目标和重点，推动我国经济发展焕发新活力、迈上新台阶。

建设现代化经济体系，这是党中央从党和国家事业全局出发，着眼于实现"两个一百年"奋斗目标、顺应中国特色社会主义进入新时代的新要求作出的重大决策部署。国家强，经济体系必须强。只有形成现代化经济体系，才能更好顺应现代化发展潮流和赢得国际竞争主动，也才能为其他领域现代化提供有力支撑。我们要按照建设社会主义现代化强国的要求，加快建设现代化经

---

* 这是习近平同志主持中共十九届中央政治局第三次集体学习时讲话的要点。

济体系，确保社会主义现代化强国目标如期实现。

　　现代化经济体系，是由社会经济活动各个环节、各个层面、各个领域的相互关系和内在联系构成的一个有机整体。要建设创新引领、协同发展的产业体系，实现实体经济、科技创新、现代金融、人力资源协同发展，使科技创新在实体经济发展中的贡献份额不断提高，现代金融服务实体经济的能力不断增强，人力资源支撑实体经济发展的作用不断优化。要建设统一开放、竞争有序的市场体系，实现市场准入畅通、市场开放有序、市场竞争充分、市场秩序规范，加快形成企业自主经营公平竞争、消费者自由选择自主消费、商品和要素自由流动平等交换的现代市场体系。要建设体现效率、促进公平的收入分配体系，实现收入分配合理、社会公平正义、全体人民共同富裕，推进基本公共服务均等化，逐步缩小收入分配差距。要建设彰显优势、协调联动的城乡区域发展体系，实现区域良性互动、城乡融合发展、陆海统筹整体优化，培育和发挥区域比较优势，加强区域优势互补，塑造区域协调发展新格局。要建设资源节约、环境友好的绿色发展体系，实现绿色循环低碳发展、人与自然和谐共生，牢固树立和践行绿水青山就是金山银山理念，形成人与自然和谐发展现代化建设新格局。要建设多元平衡、安全高效的全面开放体系，发展更高层次开放型经济，推动开放朝着优化结构、拓展深度、提高效益方向转变。要建设充分发挥市场作用、更好发挥政府作用的经济体制，实现市场机制有效、微观主体有活力、宏观调控有度。以上几个体系是统一整体，要一体建设、一体推进。我们建设的现代化经济体系，要借鉴发达国家有益做法，更要符合中国国情、具有中国特色。

建设现代化经济体系，需要扎实管用的政策举措和行动。要突出抓好以下几方面工作。一是要大力发展实体经济，筑牢现代化经济体系的坚实基础。实体经济是一国经济的立身之本，是财富创造的根本源泉，是国家强盛的重要支柱。要深化供给侧结构性改革，加快发展先进制造业，推动互联网、大数据、人工智能同实体经济深度融合，推动资源要素向实体经济集聚、政策措施向实体经济倾斜、工作力量向实体经济加强，营造脚踏实地、勤劳创业、实业致富的发展环境和社会氛围。二是要加快实施创新驱动发展战略，强化现代化经济体系的战略支撑，加强国家创新体系建设，强化战略科技力量，推动科技创新和经济社会发展深度融合，塑造更多依靠创新驱动、更多发挥先发优势的引领型发展。三是要积极推动城乡区域协调发展，优化现代化经济体系的空间布局，实施好区域协调发展战略，推动京津冀协同发展和长江经济带发展，同时协调推进粤港澳大湾区发展。乡村振兴是一盘大棋，要把这盘大棋走好。四是要着力发展开放型经济，提高现代化经济体系的国际竞争力，更好利用全球资源和市场，继续积极推进"一带一路"框架下的国际交流合作。五是要深化经济体制改革,完善现代化经济体系的制度保障,加快完善社会主义市场经济体制,坚决破除各方面体制机制弊端,激发全社会创新创业活力。

自主创新推进网络强国建设[*]

（二〇一八年四月二十日）

信息化为中华民族带来了千载难逢的机遇。我们必须敏锐抓住信息化发展的历史机遇，加强网上正面宣传，维护网络安全，推动信息领域核心技术突破，发挥信息化对经济社会发展的引领作用，加强网信领域军民融合，主动参与网络空间国际治理进程，自主创新推进网络强国建设，为决胜全面建成小康社会、夺取新时代中国特色社会主义伟大胜利、实现中华民族伟大复兴的中国梦作出新的贡献。

党的十八大以来，党中央重视互联网、发展互联网、治理互联网，统筹协调涉及政治、经济、文化、社会、军事等领域信息化和网络安全重大问题，作出一系列重大决策、提出一系列重大举措，推动网信事业取得历史性成就。这些成就充分说明，党的十八大以来党中央关于加强党对网信工作集中统一领导的决策和对网信工作作出的一系列战略部署是完全正确的。我们不断推

---

[*] 这是习近平同志在全国网络安全和信息化工作会议上讲话的要点。

进理论创新和实践创新，不仅走出一条中国特色治网之道，而且提出一系列新思想新观点新论断，形成了网络强国战略思想。

要提高网络综合治理能力，形成党委领导、政府管理、企业履责、社会监督、网民自律等多主体参与，经济、法律、技术等多种手段相结合的综合治网格局。要加强网上正面宣传，旗帜鲜明坚持正确政治方向、舆论导向、价值取向，用新时代中国特色社会主义思想和党的十九大精神团结、凝聚亿万网民，深入开展理想信念教育，深化新时代中国特色社会主义和中国梦宣传教育，积极培育和践行社会主义核心价值观，推进网上宣传理念、内容、形式、方法、手段等创新，把握好时度效，构建网上网下同心圆，更好凝聚社会共识，巩固全党全国人民团结奋斗的共同思想基础。要压实互联网企业的主体责任，决不能让互联网成为传播有害信息、造谣生事的平台。要加强互联网行业自律，调动网民积极性，动员各方面力量参与治理。

没有网络安全就没有国家安全，就没有经济社会稳定运行，广大人民群众利益也难以得到保障。要树立正确的网络安全观，加强信息基础设施网络安全防护，加强网络安全信息统筹机制、手段、平台建设，加强网络安全事件应急指挥能力建设，积极发展网络安全产业，做到关口前移，防患于未然。要落实关键信息基础设施防护责任，行业、企业作为关键信息基础设施运营者承担主体防护责任，主管部门履行好监管责任。要依法严厉打击网络黑客、电信网络诈骗、侵犯公民个人隐私等违法犯罪行为，切断网络犯罪利益链条，持续形成高压态势，维护人民群众合法权益。要深入开展网络安全知识技能宣传普及，提高广大人民群众网络安全意识和防护技能。

核心技术是国之重器。要下定决心、保持恒心、找准重心，加速推动信息领域核心技术突破。要抓产业体系建设，在技术、产业、政策上共同发力。要遵循技术发展规律，做好体系化技术布局，优中选优、重点突破。要加强集中统一领导，完善金融、财税、国际贸易、人才、知识产权保护等制度环境，优化市场环境，更好释放各类创新主体创新活力。要培育公平的市场环境，强化知识产权保护，反对垄断和不正当竞争。要打通基础研究和技术创新衔接的绿色通道，力争以基础研究带动应用技术群体突破。

网信事业代表着新的生产力和新的发展方向，应该在践行新发展理念上先行一步，围绕建设现代化经济体系、实现高质量发展，加快信息化发展，整体带动和提升新型工业化、城镇化、农业现代化发展。要发展数字经济，加快推动数字产业化，依靠信息技术创新驱动，不断催生新产业新业态新模式，用新动能推动新发展。要推动产业数字化，利用互联网新技术新应用对传统产业进行全方位、全角度、全链条的改造，提高全要素生产率，释放数字对经济发展的放大、叠加、倍增作用。要推动互联网、大数据、人工智能和实体经济深度融合，加快制造业、农业、服务业数字化、网络化、智能化。要坚定不移支持网信企业做大做强，加强规范引导，促进其健康有序发展。企业发展要坚持经济效益和社会效益相统一，更好承担起社会责任和道德责任。要运用信息化手段推进政务公开、党务公开，加快推进电子政务，构建全流程一体化在线服务平台，更好解决企业和群众反映强烈的办事难、办事慢、办事繁的问题。网信事业发展必须贯彻以人民为中心的发展思想，把增进人民福祉作为信息化发展的出发点和落脚点，让人民群众在信息化发展中有更多获得感、幸福感、安全感。

网信军民融合是军民融合的重点领域和前沿领域，也是军民融合最具活力和潜力的领域。要抓住当前信息技术变革和新军事变革的历史机遇，深刻理解生产力和战斗力、市场和战场的内在关系，把握网信军民融合的工作机理和规律，推动形成全要素、多领域、高效益的军民深度融合发展的格局。

推进全球互联网治理体系变革是大势所趋、人心所向。国际网络空间治理应该坚持多边参与、多方参与，发挥政府、国际组织、互联网企业、技术社群、民间机构、公民个人等各种主体作用。既要推动联合国框架内的网络治理，也要更好发挥各类非国家行为体的积极作用。要以"一带一路"建设等为契机，加强同沿线国家特别是发展中国家在网络基础设施建设、数字经济、网络安全等方面的合作，建设二十一世纪数字丝绸之路。

要加强党中央对网信工作的集中统一领导，确保网信事业始终沿着正确方向前进。各地区各部门要高度重视网信工作，将其纳入重点工作计划和重要议事日程，及时解决新情况新问题。要充分发挥工青妇等群团组织优势，发挥好企业、科研院校、智库等作用，汇聚全社会力量齐心协力推动网信工作。各级领导干部特别是高级干部要主动适应信息化要求、强化互联网思维，不断提高对互联网规律的把握能力、对网络舆论的引导能力、对信息化发展的驾驭能力、对网络安全的保障能力。各级党政机关和领导干部要提高通过互联网组织群众、宣传群众、引导群众、服务群众的本领。要推动依法管网、依法办网、依法上网，确保互联网在法治轨道上健康运行。要研究制定网信领域人才发展整体规划，推动人才发展体制机制改革，让人才的创造活力竞相迸发、聪明才智充分涌流。要不断增强"四个意识"，坚持把党的政治建设摆在首位，加大力度建好队伍、全面从严管好队伍，选好配好各级网信领导干部，为网信事业发展提供坚强的组织和队伍保障。

努力把关键核心技术掌握在我们自己手里[*]

（二〇一八年四月——二〇二二年八月）

一

真正的大国重器，一定要掌握在自己手里。核心技术、关键技术，化缘是化不来的，要靠自己拼搏。

（二〇一八年四月二十四日、二十五日在湖北宜昌和荆州、湖南岳阳以及三峡坝区等地考察时的讲话）

二

创新是引领发展的第一动力，是国家综合国力和核心竞争力的最关键因素。重大科技创新成果是国之重器、国之利器，必须牢牢掌握在自己手上，必须依靠自力更生、自主创新。在这个问题上，我们一定要保持清

---

[*] 这是习近平同志二〇一八年四月至二〇二二年八月期间讲话中有关努力把关键核心技术掌握在我们自己手里内容的节录。

醒。要继续深化科技体制改革，把人、财、物更多向科技创新一线倾斜，努力在关键共性技术、前沿引领技术、现代工程技术、颠覆性技术创新上取得更大突破，抢占科技创新制高点。

（二〇一八年五月二日在北京大学考察时的讲话）

三

关键核心技术是国之重器，对推动我国经济高质量发展、保障国家安全都具有十分重要的意义，必须切实提高我国关键核心技术创新能力，把科技发展主动权牢牢掌握在自己手里，为我国发展提供有力科技保障。

（二〇一八年七月十三日在中央财经委员会第二次会议上的讲话）

四

党中央实施创新驱动发展战略，格外重视自主创新，格外重视创新环境建设，努力提升我国产业水平和实力，推动我国从经济大国向经济强国、制造强国转变。当前，经济全球化遭遇逆流，保护主义抬头，但我们要坚持敞开大门搞建设。我国发展既要扎扎实实、步步为营，又要开放包容、互利共赢，积极构建以国内大循环为主体、国内国际双循环相互促进的新发展格局。

要坚持自力更生，把国家和民族发展放在自己力量的基点上，牢牢掌握发展主动权。全面建设社会主义现代化强国，实现第二个百年奋斗目标，必须走自主创新之路。要时不我待推进科技自立自强，只争朝夕突破"卡脖子"问题，努力把关键核心技术和装备制造业掌握在我们自己手里。

（二〇二二年八月十六日、十七日在辽宁考察时的讲话）

在中国科学院第十九次院士大会、中国工程院第十四次院士大会上的讲话

(二〇一八年五月二十八日)

各位院士,同志们,朋友们:

今天,中国科学院第十九次院士大会、中国工程院第十四次院士大会隆重开幕了。这是党的十九大后我国科技界召开的一次盛会。首先,我代表党中央,向大会的召开表示热烈的祝贺!向大家并通过大家,向全国广大科技工作者致以诚挚的问候!

党的十九大提出了新时代坚持和发展中国特色社会主义的战略任务,描绘了把我国建成社会主义现代化强国的宏伟蓝图,开启了实现中华民族伟大复兴的新征程。实现建成社会主义现代化强国的伟大目标,实现中华民族伟大复兴的中国梦,我们必须具有强大的科技实力和创新能力。

党的十八大以来,我们总结我国科技事业发展实践,观察大势,谋划全局,深化改革,全面发力,推动我国科技事业发生历史性变革、取得历史性成就。

——我们坚持党对科技事业的领导,健全党对科技

工作的领导体制，发挥党的领导政治优势，深化对创新发展规律、科技管理规律、人才成长规律的认识，抓重大、抓尖端、抓基础，为我国科技事业发展提供了坚强政治保证。

——我们坚持建设世界科技强国的奋斗目标，健全国家创新体系，强化建设世界科技强国对建设社会主义现代化强国的战略支撑，掌握全球科技竞争先机，在前沿领域乘势而上、奋勇争先，在更高层次、更大范围发挥科技创新的引领作用。

——我们坚持走中国特色自主创新道路，坚持创新是第一动力，坚持抓创新就是抓发展、谋创新就是谋未来，明确我国科技创新主攻方向和突破口，努力实现优势领域、关键技术重大突破，主要创新指标进入世界前列。

——我们坚持以深化改革激发创新活力，推出一系列科技体制改革重大举措，加强创新驱动系统能力整合，打通科技和经济社会发展通道，不断释放创新潜能，加速聚集创新要素，提升国家创新体系整体效能。

——我们坚持创新驱动实质是人才驱动，强调人才是创新的第一资源，不断改善人才发展环境、激发人才创造活力，大力培养造就一大批具有全球视野和国际水平的战略科技人才、科技领军人才、青年科技人才和高水平创新团队。

——我们坚持融入全球科技创新网络，树立人类命运共同体意识，深入参与全球科技创新治理，主动发起全球性创新议题，全面提高我国科技创新的全球化水平和国际影响力，我国对世界科技创新贡献率大幅提高，我国成为全球创新版图中日益重要的一极。

这些年来，在党中央坚强领导下，在全国科技界和社会各界共同努力下，我国科技事业密集发力、加速跨越，实现了历史性、整体性、格局性重大变化，重大创新成果竞相涌现，一些前沿方向开始进入并行、领跑阶段，科技实力正处于从量的积累向质的飞跃、点的突破向系统能力提升的重要时期。

——我们着力推进基础研究和应用基础研究，化学、材料、物理等学科居世界前列，铁基超导材料保持国际最高转变温度，量子反常霍尔效应、多光子纠缠世界领先，中微子振荡、干细胞、利用体细胞克隆猕猴等取得重要原创性突破，悟空、墨子、慧眼、碳卫星等系列科学实验卫星成功发射，五百米口径球面射电望远镜、上海光源、全超导托卡马克核聚变装置等重大科研基础设施为我国开展世界级科学研究奠定了重要物质技术基础。

——我们着力推进面向国家重大需求的战略高技术研究，超级计算机连续十次蝉联世界之冠，采用国产芯片的"神威·太湖之光"获得高性能计算应用最高奖"戈登·贝尔"奖，载人航天和探月工程取得"天宫"、"神舟"、"嫦娥"、"长征"系列等重要成果，北斗导航进入组网新时代，载人深潜、深地探测、国产航母、大型先进压水堆和高温气冷堆核电、天然气水合物勘查开发、纳米催化、金属纳米结构材料等正在进入世界先进行列。

——我们着力引领产业向中高端迈进，复兴号高速列车迈出从追赶到领跑的关键一步，超超临界燃煤发电、特高压输变电、杂交水稻、海水稻等世界领先，移动通信、语音识别、新能源汽车、第三代核电"华龙一号"、掘进装备等跻身世界前列，集成电路制造、C919大型客机、高档数控机床、大型船舶制造装备等加快追赶国际先进水平，龙门五轴机床、八万吨模锻压力机等装备填补多项国内空白，自主研发的人工智能深度学习芯片实现商业化应用，超导磁共振等医疗器械实现国产化替代，重大传染病防控和疫苗研制、重大新药创制等有力改善民生福祉。

——我们着力完善国家创新体系，国家技术创新中心、国家重点实验室等创新基地形成系统布局，在科技计划管理、成果转化、评价奖励等方面大胆改革，企业创新主体地位和主导作用显著增强，科技创新人才加速集聚成长。

——我们着力推动经济建设和国防建设融合发展，深化国防科技工业体制改革，提高军民协同创新能力，完善军民协同创新机制。

各位院士，同志们、朋友们！

进入二十一世纪以来，全球科技创新进入空前密集活跃的时期，新一轮科技革命和产业变革正在重构全球创新版图、重塑全球经济结构。以人工智能、量子信息、移动通信、物联网、区块链为代表的新一代信息技术加速突破应用，以合成生物学、基因编辑、脑科学、再生医学等为代表的生命科学领域孕育新的变革，融合机器人、数字化、新材料的先进制造技术正在加速推进制造业向智能化、服务化、绿色化转型，以清洁高效可持续为目标的能源技术加速发展将引发全球能源变革，空间和海洋技术正在拓展人类生存发展新疆域。总之，信息、生命、制造、能源、空间、海洋等的原创突破为前沿技术、颠覆性技术提供了更多创新源泉，学科之间、科学和技术之间、技术之间、自然科学和人文社会科学之间日益呈现交叉融合趋势，科学技术从来没有像今天这样深刻影响着国家前途命运，从来没有像今天这样深刻影响着人民生活福祉。

当前，我国科技领域仍然存在一些亟待解决的突出问题，特别是同党的十九大提出的新任务新要求相比，我国科技在视野格局、创新能力、资源配置、体制政策等方面存在诸多不适应的地方。我国基础科学研究短板依然突出，企业对基础研究重视不够，重大原创性成果缺乏，底层基础技术、基础工艺能力不足，工业母机、高端芯片、基础软硬件、开发平台、基本算法、基础元器件、基础材料等瓶颈仍然突出，关键核心技术受制于人的局面没有得到根本性改变。我国技术研发聚焦产业发展瓶颈和需求不够，以全球视野谋划科技开放合作还不够，科技成果转化能力不强。我国人才发展体制机制还不完善，激发人才创新创造活力的激励机制还不健全，顶尖人才和团队比较缺乏。我国科技管理体制还不能完全适应建设世界科技强国的需要，科技体制改革许多重大决策落实还没有形成合力，科技创新政策与经济、产业政策的统筹衔接还不够，全社会鼓励创新、包容创新的机制和环境有待优化。

中国要强盛、要复兴，就一定要大力发展科学技术，努力成为世界主要科学中心和创新高地。我们比历史上任何时期都更接近中华民族伟大复兴的目标，我们比历史上任何时期都更需要建设世界科技强国！

现在，我们迎来了世界新一轮科技革命和产业变革同我国转变发展方式的历史性交汇期，既面临着千载难逢的历史机遇，又面临着差距拉大的严峻挑战。我们必须清醒认识到，有的历史性交汇期可能产生同频共振，有的历史性交汇期也可能擦肩而过。

形势逼人，挑战逼人，使命逼人。我国广大科技工作者要把握大势、抢占先机，直面问题、迎难而上，瞄准世界科技前沿，引领科技发展方向，肩负起历史赋予的重任，勇做新时代科技创新的排头兵。

第一，充分认识创新是第一动力，提供高质量科技供给，着力支撑现代化经济体系建设。《墨经》中写道，

"力，形之所以奋也"，就是说动力是使物体运动的原因。要以提高发展质量和效益为中心，以支撑供给侧结构性改革为主线，把提高供给体系质量作为主攻方向，推动经济发展质量变革、效率变革、动力变革，显著增强我国经济质量优势。要通过补短板、挖潜力、增优势，促进资源要素高效流动和资源优化配置，推动产业链再造和价值链提升，满足有效需求和潜在需求，实现供需匹配和动态均衡发展，改善市场发展预期，提振实体经济发展信心。

世界正在进入以信息产业为主导的经济发展时期。我们要把握数字化、网络化、智能化融合发展的契机，以信息化、智能化为杠杆培育新动能。要突出先导性和支柱性，优先培育和大力发展一批战略性新兴产业集群，构建产业体系新支柱。要推进互联网、大数据、人工智能同实体经济深度融合，做大做强数字经济。要以智能制造为主攻方向推动产业技术变革和优化升级，推动制造业产业模式和企业形态根本性转变，以"鼎新"带动"革故"，以增量带动存量，促进我国产业迈向全球价值链中高端。

第二，矢志不移自主创新，坚定创新信心，着力增强自主创新能力。只有自信的国家和民族，才能在通往未来的道路上行稳致远。树高叶茂，系于根深。自力更生是中华民族自立于世界民族之林的奋斗基点，自主创新是我们攀登世界科技高峰的必由之路。"吾心信其可行，则移山填海之难，终有成功之日；吾心信其不可行，则反掌折枝之易，亦无收效之期也。"创新从来都是九死一生，但我们必须有"亦余心之所善兮，虽九死其犹未悔"的豪情。我国广大科技工作者要有强烈的创新信心和决心，既不妄自菲薄，也不妄自尊大，勇于攻坚克难、追求卓越、赢得胜利，积极抢占科技竞争和未来发展制高点。

实践反复告诉我们，关键核心技术是要不来、买不来、讨不来的。只有把关键核心技术掌握在自己手中，才能从根本上保障国家经济安全、国防安全和其他安全。要增强"四个自信"，以关键共性技术、前沿引领技术、现代工程技术、颠覆性技术创新为突破口，敢于走前人没走过的路，努力实现关键核心技术自主可控，把创新主动权、发展主动权牢牢掌握在自己手中。

建设世界科技强国，得有标志性科技成就。要强化战略导向和目标引导，强化科技创新体系能力，加快构筑支撑高端引领的先发优势，加强对关系根本和全局的科学问题的研究部署，在关键领域、卡脖子的地方下大功夫，集合精锐力量，作出战略性安排，尽早取得突破，力争实现我国整体科技水平从跟跑向并行、领跑的战略性转变，在重要科技领域成为领跑者，在新兴前沿交叉领域成为开拓者，创造更多竞争优势。要把满足人民对美好生活的向往作为科技创新的落脚点，把惠民、利民、富民、改善民生作为科技创新的重要方向。

基础研究是整个科学体系的源头。要瞄准世界科技前沿，抓住大趋势，下好"先手棋"，打好基础、储备长远，甘于坐冷板凳，勇于做栽树人、挖井人，实现前瞻性基础研究、引领性原创成果重大突破，夯实世界科技强国建设的根基。要加大应用基础研究力度，以推动重大科技项目为抓手，打通"最后一公里"，拆除阻碍产业化的"篱笆墙"，疏通应用基础研究和产业化连接的快车道，促进创新链和产业链精准对接，加快科研成果从样品到产品再到商品的转化，把科技成果充分应用到现代化事业中去。

工程科技是推动人类进步的发动机，是产业革命、经济发展、社会进步的有力杠杆。广大工程科技工作者既要有工匠精神，又要有团结精神，围绕国家重大战略需求，瞄准经济建设和事关国家安全的重大工程科技问题，紧贴新时代社会民生现实需求和军民融合需求，加快自主创新成果转化应用，在前瞻性、战略性领域打好主动仗。

第三，全面深化科技体制改革，提升创新体系效能，着力激发创新活力。创新决胜未来，改革关乎国运。科技领域是最需要不断改革的领域。二〇一四年六月九日，我在两院院士大会讲话中强调，推进自主创新，最紧迫的是要破除体制机制障碍，最大限度解放和激发科技作为第一生产力所蕴藏的巨大潜能。围绕这些重点任务，这些年来，我们大力推进科技体制改革，科技体制改革全面发力、多点突破、纵深发展，科技体制改革主体架构已经确立，重要领域和关键环节改革取得实质性突破。

二〇一五年八月，党中央、国务院出台《深化科技体制改革实施方案》，部署了到二〇二〇年要完成的一百四十三条改革任务，目前已完成一百一十多条改革任务。在科技领域存在的多年来一直想解决但没有能解决的难题方面，我们都取得了实质性突破。同时，科技体制改革还存在一些有待解决的突出问题，主要是国家创新体系整体效能还不强，科技创新资源分散、重复、低效的问题还没有从根本上得到解决，"项目多、帽子多、牌子多"等现象仍较突出，科技投入的产出效益不高，科技成果转移转化、实现产业化、创造市场价值的能力不足，科研院所改革、建立健全科技和金融结合机制、创新型人才培养等领域的进展滞后于总体进展，科研人员开展原创性科技创新的积极性还没有充分激发出来，等等。

今年是我国改革开放四十周年。新时代全面深化改革决心不能动摇、勇气不能减弱。科技体制改革要敢于啃硬骨头，敢于涉险滩、闯难关，破除一切制约科技创新的思想障碍和制度藩篱，正所谓"穷则变，变则通，通则久"。

要坚持科技创新和制度创新"双轮驱动"，以问题为导向，以需求为牵引，在实践载体、制度安排、政策保障、环境营造上下功夫，在创新主体、创新基础、创新资源、创新环境等方面持续用力，强化国家战略科技力量，提升国家创新体系整体效能。要优化和强化技术创新体系顶层设计，明确企业、高校、科研院所创新主体在创新链不同环节的功能定位，激发各类主体创新激情和活力。要加快转变政府科技管理职能，发挥好组织优势。

企业是创新的主体，是推动创新创造的生力军。正如恩格斯所说："社会一旦有技术上的需要，这种需要就会比十所大学更能把科学推向前进。"要推动企业成为技术创新决策、研发投入、科研组织和成果转化的主体，培育一批核心技术能力突出、集成创新能力强的创新型领军企业。要发挥市场对技术研发方向、路线选择、要素价格、各类创新要素配置的导向作用，让市场真正在创新资源配置中起决定性作用。要完善政策支持、要素投入、激励保障、服务监管等长效机制，带动新技术、新产品、新业态蓬勃发展。要加快创新成果转化应用，彻底打通关卡，破解实现技术突破、产品制造、市场模式、产业发展"一条龙"转化的瓶颈。

要高标准建设国家实验室，推动大科学计划、大科学工程、大科学中心、国际科技创新基地的统筹布局和优化。要加快建立科技咨询支撑行政决策的科技决策机制，注重发挥智库和专业研究机构作用，完善科技决策机制，提高科学决策能力。要加快构建军民融合发展体系，完善军民融合组织管理体系、工作运行体系、政策制度体系，清除"民参军"、"军转民"障碍。要加大知识产权保护执法力度，完善知识产权服务体系。

二〇一六年五月三十日，我在全国科技创新大会、两院院士大会、中国科协第九次全国代表大会上的讲话中强调，要着力改革和创新科研经费使用和管理方式，让经费为人的创造性活动服务，而不能让人的创造性活动为经费服务；要改革科技评价制度，建立以科技创新质量、贡献、绩效为导向的分类评价体系，正确评价科技创新成果的科学价值、技术价值、经济价值、社会价值、文化价值。我们接连出台了几个重要改革方案，包括《关于深化中央财政科技计划（专项、基金等）管理改革的方案》、《关于进一步完善中央财政科研项目资金管理等政策的若干意见》、《关于实行以增加知识价值为导向分配政策的若干意见》、《关于分类推进人才评价机制改革的指导意见》、《关于深化科技奖励制度改革的方案》，得到广大科技工作者热烈欢迎。大家反映，这些改革还有需要改进的地方，有的还没有完全落地，有关部门要认真听取大家意见和建议，继续坚决推进，把人的创造性活动从不合理的经费管理、人才评价等体制中解放出来。

第四，深度参与全球科技治理，贡献中国智慧，着力推动构建人类命运共同体。科学技术是世界性的、时代性的，发展科学技术必须具有全球视野。不拒众流，方为江海。自主创新是开放环境下的创新，绝不能关起门来搞，而是要聚四海之气、借八方之力。要深化国际科技交流合作，在更高起点上推进自主创新，主动布局和积极利用国际创新资源，努力构建合作共赢的伙伴关系，共同应对未来发展、粮食安全、能源安全、人类健康、气候变化等人类共同挑战，在实现自身发展的同时惠及其他更多国家和人民，推动全球范围平衡发展。

要坚持以全球视野谋划和推动科技创新，全方位加强国际科技创新合作，积极主动融入全球科技创新网络，提高国家科技计划对外开放水平，积极参与和主导国际大科学计划和工程，鼓励我国科学家发起和组织国际科技合作计划。要把"一带一路"建成创新之路，合作建设面向沿线国家的科技创新联盟和科技创新基地，为各国共同发展创造机遇和平台。要最大限度用好全球创新资源，全面提升我国在全球创新格局中的位势，提高我国在全球科技治理中的影响力和规则制定能力。

第五，牢固确立人才引领发展的战略地位，全面聚集人才，着力夯实创新发展人才基础。功以才成，业由才广。世上一切事物中人是最可宝贵的，一切创新成果都是人做出来的。硬实力、软实力，归根到底要靠人才实力。全部科技史都证明，谁拥有了一流创新人才、拥有了一流科学家，谁就能在科技创新中占据优势。当前，我国高水平创新人才仍然不足，特别是科技领军人才匮乏。人才评价制度不合理，唯论文、唯职称、唯学历的现象仍然严重，名目繁多的评审评价让科技工作者应接不暇，人才"帽子"满天飞，人才管理制度还不适应科技创新要求、不符合科技创新规律。要创新人才评价机制，建立健全以创新能力、质量、贡献为导向的科技人才评价体系，形成并实施有利于科技人才潜心研究和创新的评价制度。要注重个人评价和团队评价相结合，尊重和认可团队所有参与者的实际贡献。要完善科技奖励制度，让优秀科技创新人才得到合理回报，释放各类人才创新活力。要通过改革，改变以静态评价结果给人才贴上"永久牌"标签的做法，改变片面将论文、专利、资金数量作为人才评价标准的做法，不能让繁文缛节把科学家的手脚捆死了，不能让无穷的报表和审批把科学家的精力耽误了！

创新之道，唯在得人。得人之要，必广其途以储之。要营造良好创新环境，加快形成有利于人才成长的培养机制、有利于人尽其才的使用机制、有利于竞相成长各展其能的激励机制、有利于各类人才脱颖而出的竞争机制，培植好人才成长的沃土，让人才根系更加发达，一茬接一茬茁壮成长。要尊重人才成长规律，解决人才队伍结构性矛盾，构建完备的人才梯次结构，培养造就一大批具有国际水平的战略科技人才、科技领军人才、青年科技人才和创新团队。要加强人才投入，优化人才政策，营造有利于创新创业的政策环境，构建有效的引才用才机制，形成天下英才聚神州、万类霜天竞自由的创新局面！

各位院士，同志们、朋友们！

中国科学院、中国工程院是国家科学技术界和工程科技界的最高学术机构，是科技大师荟萃之地。长期以来，中国科学院、中国工程院团结带领包括院士在内的广大科技工作者，以实现国家富强、民族振兴、人民幸福为己任，着力攻克关键核心技术，破解创新发展难题，在重大科技领域不断取得突破，为我国科技事业发展作出了突出贡献。中国科学院、中国工程院要继续发挥国家战略科技力量的作用，同全国科技力量一道，把握好世界科技发展大势，围绕建设世界科技强国，敏锐抓住科技革命方向，大力推动科技跨越发展，勇攀科技高峰。

中国科学院、中国工程院是国家高端智库。多年来，中国科学院、中国工程院围绕事关国计民生的重大战略问题，紧扣国家发展新战略新形势新需求，组织广大院士开展战略咨询工作，得到了党中央高度认可。我看过两院院士提交的很多意见和建议，都给我留下了深刻印象。要继续发挥院士群体的智力优势，开展前瞻性、针对性、储备性战略研究，提高综合研判和战略谋划能力，提出专业化、建设性、切实管用的意见和建议，为推进党和国家科学决策、民主决策、依法决策，推进国家治理体系和治理能力现代化贡献更多智慧和力量！

各位院士，同志们、朋友们！

"繁霜尽是心头血，洒向千峰秋叶丹。"两院院士是国家的财富、人民的骄傲、民族的光荣。长期以来，一代又一代科学家怀着深厚的爱国主义情怀，凭借深厚的学术造诣、宽广的科学视角，为祖国和人民作出了彪炳史册的重大贡献。祖国大地上一座座科技创新的丰碑，凝结着广大院士的心血和汗水。我们的很多院士都具有"先天下之忧而忧，后天下之乐而乐"的深厚情怀，都是"干惊天动地事，做隐姓埋名人"的民族英雄！

一代人有一代人的奋斗，一个时代有一个时代的担当。荣誉意味着责任和担当，党和人民对广大院士寄予了殷切的期望。科技创新大潮澎湃，千帆竞发勇进者胜。希望广大院士弘扬科学报国的光荣传统，追求真理、勇攀高峰的科学精神，勇于创新、严谨求实的学术风气，把个人理想自觉融入国家发展伟业，在科学前沿孜孜求索，在重大科技领域不断取得突破。

古人说："人必其自爱也，而后人爱诸；人必其自敬也，而后人敬诸。"希望广大院士善养浩然正气，培育和践行社会主义核心价值观，坚守院士称号学术性、荣誉性的本质，传播真理、传播真知，崇德向善、见贤思齐，言为士则、行为世范，提携后学、甘当人梯，在全社会树立良好道德风尚。要发挥院士制度凝才聚智的导向性作用，不拘一格降人才，使院士制度成为引导我国科技创新人才健康成长的强大正能量！

各级党委和政府对院士们要政治上关怀、工作上支持、生活上关心，当好后勤部长。要做好退休院士工作，保证他们的待遇和礼遇，鼓励他们继续发挥作用。希望退下来的院士们在身体条件允许的情况下，继续在传播科学知识上学为人师、在弘扬科学精神上身体力行，积极为国家发展建言献策、为科技进步贡献智慧。

各位院士，同志们、朋友们！

中国共产党领导是中国特色科技创新事业不断前进的根本政治保证。我们要坚持和加强党对科技事业的领导，坚持正确政治方向，动员全党全国全社会万众一心为实现建设世界科技强国的目标而努力奋斗。各级党委和政府、各部门各单位要把思想和行动统一到党的十九大精神上来，统一到党中央对科技事业的部署上来，切实抓好落实工作。

各级领导干部要加强学习和实践，提高科学素养，既当好领导，又成为专家，不断增强领导和推动科技创新的本领。要尊重科研规律，尊重科研管理规律，尊重科研人员意见，为科技工作者创造良好环境，服务好科技创新。

青年是祖国的前途、民族的希望、创新的未来。青年一代有理想、有本领、有担当，科技就有前途，创新就有希望。"人材者，求之则愈出，置之则愈匮。"希望广大院士关心和爱护青年人才，把发现、培养青年人才作为一项重要责任，为青年人才施展才干提供更多机会和更大舞台。各级党委和政府要以识才的慧眼、爱才的诚意、用才的胆识、容才的雅量、聚才的良方，放手使用优秀青年人才，为青年人才成才铺路搭桥，让他们成为有思想、有情怀、有责任、有担当的社会主义建设者和接班人。

当科学家是无数中国孩子的梦想，我们要让科技工作成为富有吸引力的工作、成为孩子们尊崇向往的职业，给孩子们的梦想插上科技的翅膀，让未来祖国的科技天地群英荟萃，让未来科学的浩瀚星空群星闪耀！

各位院士，同志们、朋友们！

新时代中国特色社会主义的航向已经明确，中华民族伟大复兴的巨轮正在乘风破浪前行，让我们更加紧密地团结起来，坚定信心，攻坚克难，向着建设世界科技强国的伟大目标奋勇前进！

推动我国新一代人工智能健康发展[*]

（二〇一八年十月三十一日）

人工智能是新一轮科技革命和产业变革的重要驱动力量，加快发展新一代人工智能是事关我国能否抓住新一轮科技革命和产业变革机遇的战略问题。要深刻认识加快发展新一代人工智能的重大意义，加强领导，做好规划，明确任务，夯实基础，促进其同经济社会发展深度融合，推动我国新一代人工智能健康发展。

人工智能是引领这一轮科技革命和产业变革的战略性技术，具有溢出带动性很强的"头雁"效应。在移动互联网、大数据、超级计算、传感网、脑科学等新理论新技术的驱动下，人工智能加速发展，呈现出深度学习、跨界融合、人机协同、群智开放、自主操控等新特征，正在对经济发展、社会进步、国际政治经济格局等方面产生重大而深远的影响。加快发展新一代人工智能是我们赢得全球科技竞争主动权的重要战略抓手，是推动我国科技跨越发展、产业优化升级、生产力整体跃升

---

[*] 这是习近平同志主持中共十九届中央政治局第九次集体学习时讲话的要点。

的重要战略资源。

人工智能具有多学科综合、高度复杂的特征。我们必须加强研判，统筹谋划，协同创新，稳步推进，把增强原创能力作为重点，以关键核心技术为主攻方向，夯实新一代人工智能发展的基础。要加强基础理论研究，支持科学家勇闯人工智能科技前沿的"无人区"，努力在人工智能发展方向和理论、方法、工具、系统等方面取得变革性、颠覆性突破，确保我国在人工智能这个重要领域的理论研究走在前面、关键核心技术占领制高点。要主攻关键核心技术，以问题为导向，全面增强人工智能科技创新能力，加快建立新一代人工智能关键共性技术体系，在短板上抓紧布局，确保人工智能关键核心技术牢牢掌握在自己手里。要强化科技应用开发，紧紧围绕经济社会发展需求，充分发挥我国海量数据和巨大市场应用规模优势，坚持需求导向、市场倒逼的科技发展路径，积极培育人工智能创新产品和服务，推进人工智能技术产业化，形成科技创新和产业应用互相促进的良好发展局面。要加强人才队伍建设，以更大的决心、更有力的措施，打造多种形式的高层次人才培养平台，加强后备人才培养力度，为科技和产业发展提供更加充分的人才支撑。

我国经济已由高速增长阶段转向高质量发展阶段，正处在转变发展方式、优化经济结构、转换增长动力的攻关期，迫切需要新一代人工智能等重大创新添薪续力。我们要深入把握新一代人工智能发展的特点，加强人工智能和产业发展融合，为高质量发展提供新动能。要围绕建设现代化经济体系，以供给侧结构性改革为主线，把握数字化、网络化、智能化融合发展契机，在质量变革、效率变革、动力变革中发挥人工智能作用，提高全要素生产率。要培育具有重大引领带动作用的人工智能企业和产业，构建数据驱动、人机协同、跨界融合、共创分享的智能经济形态。要发挥人工智能在产业升级、产品开发、服务创新等方面的技术优势，促进人工智能同一、二、三产业深度融合，以人工智能技术推动各产业变革，在中高端消费、创新引领、绿色低碳、共享经济、现代供应链、人力资本服务等领域培育新增长点、形成新动能。要推动智能化信息基础设施建设，提升传统基础设施智能化水平，形成适应智能经济、智能社会需要的基础设施体系。

要加强人工智能同保障和改善民生的结合，从保障和改善民生、为人民创造美好生活的需要出发，推动人工智能在人们日常工作、学习、生活中的深度运用，创造更加智能的工作方式和生活方式。要抓住民生领域的突出矛盾和难点，加强人工智能在教育、医疗卫生、体育、住房、交通、助残养老、家政服务等领域的深度应用，创新智能服务体系。要加强人工智能同社会治理的结合，开发适用于政府服务和决策的人工智能系统，加强政务信息资源整合和公共需求精准预测，推进智慧城市建设，促进人工智能在公共安全领域的深度应用，加强生态领域人工智能运用，运用人工智能提高公共服务和社会治理水平。要加强人工智能发展的潜在风险研判和防范，维护人民利益和国家安全，确保人工智能安全、可靠、可控。要整合多学科力量，加强人工智能相关法律、伦理、社会问题研究，建立健全保障人工智能健康发展的法律法规、制度体系、伦理道德。各级领导干部要努力学习科技前沿知识，把握人工智能发展规律和特点，加强统筹协调，加大政策支持，形成工作合力。

同各国携手打造开放、公平、公正、非歧视的科技发展环境*

（二〇一八年十一月——二〇二二年十一月）

一

共建"一带一路"受到了国际社会广泛欢迎。与相关国家开展科技合作是共建"一带一路"的重要内容，在改善民生、促进发展、应对共同挑战等方面发挥着积极作用。希望各国科学界携手并肩，共同努力，发挥好"一带一路"国际科学组织联盟的平台作用，加强科技创新政策和发展战略对接，开展重大科技合作，培养创新创业人才，提升科技创新能力，为促进民心相通和经济社会可持续发展，为推动建设绿色之路、创新之路，为推动构建人类命运共同体作出重要贡献。

（二〇一八年十一月致"一带一路"国际科学组织联盟成立大会暨第二届"一带一路"科技创新国际研讨

---

* 这是习近平同志二〇一八年十一月至二〇二二年十一月期间文稿中有关同各国携手打造开放、公平、公正、非歧视的科技发展环境内容的节录。

会的贺信）

二

共建开放创新的世界经济。创新发展是引领世界经济持续发展的必然选择。当前，新一轮科技革命和产业变革正处在实现重大突破的历史关口。各国应该加强创新合作，推动科技同经济深度融合，加强创新成果共享，努力打破制约知识、技术、人才等创新要素流动的壁垒，支持企业自主开展技术交流合作，让创新源泉充分涌流。为了更好运用知识的创造以造福人类，我们应该共同加强知识产权保护，而不是搞知识封锁，制造甚至扩大科技鸿沟。

（二〇一九年十一月五日在上海举行的第二届中国国际进口博览会开幕式上的主旨演讲）

三

创新是当今时代的重大命题。世界正在经历百年未有之大变局，新一轮科技革命和产业变革迅猛发展。人类面临的共同挑战需要各国携手应对。没有一个国家可以成为独立的创新中心，或独享创新成果。创新成果应惠及全球，而不应成为埋在山洞里的宝藏。中美等国都是创新大国，中国愿意和包括美国在内的世界各国开展创新合作，更好造福两国人民和世界人民。

（二〇一九年十一月二十二日在会见出席二〇一九年"创新经济论坛"外方代表时的讲话）

四

科学技术应该造福全人类。当前，全球正面临新冠肺炎疫情等各种挑战。历史和现实都告诉我们，科技是人类克服重大挑战、促进和平与发展的重要力量。中国愿同各国一道，加强科技创新与合作，促进更加开放包容、互惠共享的国际科技创新交流，为推动全球经济复苏、保障人民身体健康作出贡献。

（二〇二〇年十一月十日致博鳌亚洲论坛国际科技与创新论坛首届大会的贺信）

五

科技成果应该造福全人类，而不应该成为限制、遏制其他国家发展的手段。中国将以更加开放的思维和举措推进国际科技交流合作，同各国携手打造开放、公平、公正、非歧视的科技发展环境，促进互惠共享。

（二〇二一年一月二十五日在世界经济论坛"达沃斯议程"对话会上的特别致辞）

六

创新是推动经济社会发展、应对人类共同挑战的决定性因素。二十国集团应该合力挖掘创新增长潜力，在充分参与、广泛共识基础上制定规则，为创新驱动发展营造良好生态。人为搞小圈子，甚至以意识形态划线，只会制造隔阂、增加障碍，对科技创新有百害而无一益。

（二〇二一年十月三十日在二十国集团领导人第十六次峰会第一阶段会议上的讲话）

七

坚持创新驱动。要挖掘创新增长潜力，共同加强知识产权保护，在充分参与、凝聚共识的基础上制定规则，为科技发展打造开放、公平、公正、非歧视的环境。要深化创新交流合作，推动科技同经济深度融合，加强创新成果共享，努力打破制约知识、技术、人才等创新要素流动的壁垒，让创新源泉充分涌流。

（二〇二二年五月十八日在庆祝中国国际贸易促进委员会建会七十周年大会暨全球贸易投资促进峰会上的致辞）

八

我们要坚持开拓创新,激发合作潜能和活力。谁能把握大数据、人工智能等新经济发展机遇,谁就把准了时代脉搏。企图通过搞科技垄断、封锁、壁垒,干扰别国创新发展,维护自身霸权地位,注定行不通。

(二〇二二年六月二十三日在金砖国家领导人第十四次会晤上的讲话)

九

要坚持多边主义,加强国际合作。合力营造开放、包容、公平、公正、非歧视的数字经济发展环境,在数字产业化、产业数字化方面推进国际合作,释放数字经济推动全球增长的潜力。搞所谓"小院高墙"、限制或阻碍科技合作,损人不利己,不符合国际社会共同利益。

(二〇二二年十一月十六日在印度尼西亚巴厘岛举行的二十国集团领导人第十七次峰会上关于数字转型问题的发言)

十

中方高度重视基础科学发展,愿同包括广大发展中国家在内的世界各国一道，进一步增进国际科技界开放、信任与合作，以科学繁荣发展造福各国人民，为推进全球发展倡议、落实联合国二〇三〇年可持续发展议程、推动构建人类命运共同体作出贡献。

（二〇二二年十一月二十一日致发展中国家科学院第十六届学术大会暨第三十届院士大会的贺信）

坚持创新导向，开辟增长源泉[*]

（二〇一八年十一月十七日）

当前，信息技术、生命科学、智能制造、绿色能源等前沿领域不断突破，新材料、新产品、新业态迭代周期不断缩短。大数据、3D打印、人工智能，这些曾经的科学幻想，如今已经融入人们的衣食住行用，未来已经来到我们身边。

百舸争流，奋楫者先。新科技革命和产业变革的时代浪潮奔腾而至，如果我们不应变、不求变，将错失发展机遇，甚至错过整个时代。我们应该以只争朝夕的精神，探寻新的增长动力和发展路径，消除一切不利于创新的体制机制障碍，充分激发创新潜能和市场活力，深化国际创新交流合作，更好应对各自和共同的发展挑战。

新科技革命和产业变革是一次全方位变革，将对人类生产模式、生活方式、价值理念产生深刻影响。公平和效率、资本和劳动、技术和就业的关系成为国际社会

---

[*] 这是习近平同志在巴布亚新几内亚莫尔兹比港举行的亚太经合组织工商领导人峰会上的主旨演讲《同舟共济创造美好未来》的一部分。

的共同课题，处理不当将导致南北贫富差距进一步拉大。我们应该审时度势、科学决策，引领新科技革命和产业变革朝着正确方向发展。

服务人民是科技创新的本质要求，各国都有权通过自身努力和国际合作从科技创新中受益。科技创新成果不应该被封锁起来，不应该成为只为少数人牟利的工具。设立知识产权制度的目的是保护和激励创新，而不是制造甚至扩大科技鸿沟。我们应该共同探讨建立面向新科技革命和产业变革的政策制度体系，营造国际合作环境，让科技创新成果为更多国家和人民所及、所享、所用。

推动制造业高质量发展[*]

（二〇一八年十二月十九日）

制造业是立国之本、强国之基。我国仍处于工业化发展阶段，却已出现制造业占经济比重过快下降问题，必须引起高度关注。要把制造业高质量发展放到更加突出的位置，采取有力措施，推动先进制造业和现代服务业深度融合，坚定不移建设制造强国。这方面要有总体规划，对全国进行指导，有关部门要抓紧制定。

稳步推进企业优胜劣汰。优胜劣汰是推动制造业高质量发展的基本力量。要加快处置"僵尸企业"。这个问题我讲过多次，要持之以恒抓，勇于砍掉病树。正所谓"沉舟侧畔千帆过，病树前头万木春"。对国有企业中的"僵尸企业"，要制定退出实施办法，在债务处置、土地利用、职工安置、税费优惠、工商注销等方面作出更具可操作性的安排。要为企业和企业家创新提供良好环境，促进新技术、新组织形式、新产业集群形成和发展。要提升大企业综合竞争力和劳动生产率，发挥中小企业作用，培育更多"专精特新"的隐形冠军。要搞好

---

[*] 这是习近平同志在中央经济工作会议上讲话的一部分。

第四次全国经济普查，做实数据、摸清家底。

增强制造业技术创新能力。党中央对提升制造业质量和关键核心技术创新能力作了部署，要咬定青山不放松，切实抓好落实。要加快制定国家中长期科技发展规划和制造强国建设规划纲要，明确我国科技攻关和制造业高质量发展方向、重点、政策。要构建开放、协同、高效的共性技术研发平台，健全需求为导向、企业为主体的产学研一体化创新机制。要抓紧布局国家实验室，重组国家重点实验室体系，加强军民融合发展，通过新型举国体制解决重大"卡脖子"技术和产品问题。要建立促进科技成果转化的资金支持机制，鼓励设立多层次、市场化的创新基金，加大对中小企业创新支持力度，推动科技成果转化和产业化。国有大企业要增加研发投入。要健全政府采购制度，加大对重大装备和关键产品的支持，把首台首套政策落到实处。要加强知识产权保护和运用，形成有效的创新激励机制。要在产业界、科技界提倡艰苦奋斗、实事求是的作风和学风，避免浮夸和急功近利倾向。要重视引进人才，提供适当的工作生活条件。

有效降低企业成本负担。高成本是影响我国制造业竞争力的重要因素。要减少行政审批，优化环保、消防、税务、市场监管等执法方式，降低企业合规成本。要对小微企业和科技型初创企业实施普惠性税收减免，降低过高的社保缴费率，稳定缴费方式。要发挥各级政府性融资担保基金作用。要清理规范地方收费项目，加大对乱收费查处和整治力度。要提高电力交易市场化程度，改进电网成本监管，降低电价。要提高综合交通运输网络效率，降低高速公路、机场、港口、铁路等收费，降低物流成本。要合理确定最低工资标准，避免因成本过快上涨影响竞争力。

科技领域安全是
国家安全的重要组成部分[*]

（二〇一九年一月二十一日）

  科技领域安全是国家安全的重要组成部分。要加强体系建设和能力建设，完善国家创新体系，解决资源配置重复、科研力量分散、创新主体功能定位不清晰等突出问题，提高创新体系整体效能。要加快补短板，建立自主创新的制度机制优势。要加强重大创新领域战略研判和前瞻部署，抓紧布局国家实验室，重组国家重点实验室体系，建设重大创新基地和创新平台，完善产学研协同创新机制。要强化事关国家安全和经济社会发展全局的重大科技任务的统筹组织，强化国家战略科技力量建设。要加快科技安全预警监测体系建设，围绕人工智能、基因编辑、医疗诊断、自动驾驶、无人机、服务机器人等领域，加快推进相关立法工作。

---

  [*] 这是习近平同志在省部级主要领导干部坚持底线思维着力防范化解重大风险专题研讨班开班式上讲话要点的一部分。

为打赢疫情防控阻击战提供强大科技支撑[*]

（二〇二〇年三月二日）

这次来军事医学研究院、清华大学医学院调研，主要是考察疫情防控科研攻关工作进展情况，看望奋战在疫情防控一线的科研工作者。

这次新冠肺炎疫情是新中国成立以来在我国发生的传播速度最快、感染范围最广、防控难度最大的一次重大突发公共卫生事件。党中央高度重视、迅速作出部署，把疫情防控作为头等大事来抓，把人民群众生命安全和身体健康摆在第一位，提出了坚定信心、同舟共济、科学防治、精准施策的总要求，明确了坚决遏制疫情蔓延势头、坚决打赢疫情防控阻击战的总目标。在党中央坚强领导下，经过各方面艰苦努力，目前疫情防控形势积极向好的态势正在拓展。

前不久，党中央召开了统筹推进新冠肺炎疫情防控

---

[*] 这是习近平同志在同有关部门负责同志和专家学者就疫情防控科研攻关工作座谈时的讲话。

和经济社会发展工作部署会议，我作了讲话。我还主持召开中央政治局常委会会议、中央政治局会议等，分析新冠肺炎疫情防控形势，研究防控重点工作。在这些场合，我都强调战胜疫情离不开科技支撑，要综合多学科力量加快科研攻关，在坚持科学性、确保安全性的基础上加快研发进度，力争早日取得突破，尽快拿出切实管用的研究成果。

疫情发生以来，全国科技战线积极响应党中央号召，科技、卫健等十二个部门组成科研攻关组，确定临床救治和药物、疫苗研发、检测技术和产品、病毒病原学和流行病学、动物模型构建等五大主攻方向，组织跨学科、跨领域的科研团队，科研、临床、防控一线相互协同，产学研各方紧密配合，短短一个多月时间内就取得了积极进展。我们不到一周时间就确定了新冠病毒的全基因组序列并分离得到病毒毒株，及时向全球共享；适应疫情防控紧迫需求，面向全国揭榜，分阶段推出多种检测试剂产品；采取老药新用、研发新的治疗手段、中西医结合等方式，迅速筛选了一批有效药物和治疗方案，推荐到临床一线救治；采取多条技术路线并行推进疫苗研发；通过对病毒生存环境、传播途径方面的研究，为制定完善防控策略提供了科学依据；在较短时间内构建了多个动物模型，为药物、疫苗研发提供了重要支撑。同时，专家学者及时发声、答疑解惑，稳定人心、坚定信心，为打赢疫情防控这场硬仗提供了有力科技支撑。

在这场重大斗争中，广大科技工作者充分展示了拼搏奉献的优良作风、严谨求实的专业精神，涌现出一批先进典型。在这里，我代表党中央，向奋斗在疫情防控科研攻关一线的广大科技工作者表示衷心的感谢和诚挚的问候！

纵观人类发展史，人类同疾病较量最有力的武器就是科学技术，人类战胜大灾大疫离不开科学发展和技术创新。我国历史上有很多防治瘟疫的医疗著作和方法。《汉书·平帝纪》记载，元始二年，"民疾疫者，舍空邸第，为置医药"，提出了"隔离"是防疫的重要举措。明代中期我国就出现了预防天花的"人痘"接种术。十八世纪末，英国科学家爱德华·琴纳发明了接种牛痘预防天花的方法，经过几代科学家不懈努力，最终研制出灭活天花病毒的疫苗。随着现代医学科技发展和公共卫生基础设施不断完善，霍乱、鼠疫、流感等这些曾经对人类造成巨大危害的传染病逐渐得到了有效控制。近些年来，在抗击严重急性呼吸综合征（SARS）、中东呼吸综合征（MERS）、甲型H1N1流感、埃博拉病毒等多次重大传染病中，科学技术都发挥了重要作用。新中国成立以来，我国通过传染病重大科技专项研发部署，在传染病防治领域的科研水平、技术能力、平台建设、人才队伍等方面都有了明显提升。

当前，打赢疫情防控人民战争、总体战、阻击战还需要付出艰苦努力。我们对新冠肺炎疫情的源头和宿主、传播途径、致病机理、危害性致命性、诊疗方案、救治药物以及患者康复后是否存在后遗症等，都还没有完全搞清楚。越是面对这种情况，越要坚持向科学要答案、要方法。希望广大科技工作者勇担责任、尽锐出战，尽快攻克疫情防控的重点难点问题，为打赢疫情防控人民战争、总体战、阻击战提供强大科技支撑。下一步，要重点在以下几个方面下功夫。

第一，加强药物、医疗装备研发和临床救治相结合，切实提高治愈率、降低病亡率。三月一日，全国仍有七千三百多名重症和危重症患者，每天病亡人数还不少，主要是在湖北和武汉。尽最大努力挽救更多患者生命是当务之急、重中之重。科研攻关要把危重症患者救治当作头等大事，强化科研攻关支撑和服务前方一线救治的部署，坚持临床研究和临床救治协同，让科研成果更多向临床一线倾斜。要加快药物研发进程，坚持中西医结合、中西药并用，加快推广应用已经研发和筛选的有效药物，同时根据一线救治需要再筛选一批有效治疗药物，探索新的治疗手段，尽最大可能阻止轻症患者向重症转化，切实提高治愈率。要采取恢复期血浆、干细胞、单克隆抗体等先进治疗方式，提升重症、危重症救治水平，尽量降低病亡率。

第二，推进疫苗研发和产业化链条有机衔接，为有可能出现的常态化防控工作做好周全准备。疫苗作为用于健康人的特殊产品，对疫情防控至关重要，对安全性的要求也是第一位的。要加快推进已有的多种技术路线疫苗研发，同时密切跟踪国外研发进展，加强合作，争取早日推动疫苗的临床试验和上市使用。我们要立足当前、着眼长远，加快建立以企业为主体、产学研相结合的疫苗研发和产业化体系，建立国家疫苗储备制度。

第三，统筹病毒溯源及其传播途径研究，搞清楚病源从哪里来、向哪里去。正如专家所言，这次疫情病毒很狡猾，溯源工作面临很大困难。同时，新技术发展为病毒溯源提供了新的手段，可以利用病毒蛋白和不同受体的结合特征，评估可疑动物作为中间宿主的可能性，利用人工智能、大数据等新技术开展流行病学和溯源调查，提高精准度和筛查效率。病毒溯源和传播途径研究，对整个疫情防控至关重要，必须全力弄清楚。

第四，做好患者康复和隔离群众的心理疏导工作。病人心理康复需要一个过程，很多隔离在家的群众时间长了会产生这样那样的心理问题，病亡者家属也需要心理疏导。这个问题解决不好，会带来社会稳定隐患。要高度重视他们的心理健康，动员各方面力量全面加强心理疏导工作。

第五，完善平战结合的疫病防控和公共卫生科研攻关体系。重大传染病和生物安全风险是事关国家安全和发展、事关社会大局稳定的重大风险挑战。要把生物安全作为国家总体安全的重要组成部分，坚持平时和战时结合、预防和应急结合、科研和救治防控结合，加强疫病防控和公共卫生科研攻关体系和能力建设。要统筹各方面科研力量，提高体系化对抗能力和水平。平时科研积累和技术储备是基础性工作，要加强战略谋划和前瞻布局，完善疫情防控预警预测机制，及时有效捕获信息，及时采取应对举措。要研究建立疫情蔓延进入紧急状态后的科研攻关等方面指挥、行动、保障体系，平时准备好应急行动指南，紧急情况下迅速启动。

生命安全和生物安全领域的重大科技成果也是国之重器，疫病防控和公共卫生应急体系是国家战略体系的重要组成部分。要完善关键核心技术攻关的新型举国体制，加快推进人口健康、生物安全等领域科研力量布局，整合生命科学、生物技术、医药卫生、医疗设备等领域的国家重点科研体系，布局一批国家临床医学研究中心，加大卫生健康领域科技投入，加强生命科学领域的基础研究和医疗健康关键核心技术突破，加快提高疫病防控和公共卫生领域战略科技力量和战略储备能力。要加快补齐我国高端医疗装备短板，加快关键核心技术攻关，突破这些技术装备瓶颈，实现高端医疗装备自主可控。

第六，坚持开展爱国卫生运动。这不是简单的清扫卫生，更多应该从人居环境改善、饮食习惯、社会心理健康、公共卫生设施等多个方面开展工作，特别是要坚决杜绝食用野生动物的陋习，提倡文明健康、绿色环保的生活方式。

第七，加强疫情防控科研攻关的国际合作。公共卫生安全是人类面临的共同挑战，需要各国携手应对。当前，新冠肺炎疫情在多个国家出现，要加强同世卫组织沟通交流，同有关国家特别是疫情高发国家在溯源、药物、疫苗、检测等方面的科研合作，在保证国家安全的前提下，共享科研数据和信息，共同研究提出应对策略，为推动构建人类命运共同体贡献智慧和力量。

最后，希望广大科技工作者再接再厉，把疫情防控科研攻关作为科技战线的一项重大而紧迫任务，统一领导、协同推进科研攻关，拿出更多成果，不辜负党中央重托，不辜负人民期盼。

以科技创新催生新发展动能[*]

（二○二○年八月二十四日）

实现高质量发展，必须实现依靠创新驱动的内涵型增长。我们更要大力提升自主创新能力，尽快突破关键核心技术。这是关系我国发展全局的重大问题，也是形成以国内大循环为主体的关键。

我们要充分发挥我国社会主义制度能够集中力量办大事的显著优势，打好关键核心技术攻坚战。要依托我国超大规模市场和完备产业体系，创造有利于新技术快速大规模应用和迭代升级的独特优势，加速科技成果向现实生产力转化，提升产业链水平，维护产业链安全。要发挥企业在技术创新中的主体作用，使企业成为创新要素集成、科技成果转化的生力军，打造科技、教育、产业、金融紧密融合的创新体系。基础研究是创新的源头活水，我们要加大投入，鼓励长期坚持和大胆探索，为建设科技强国夯实基础。要大力培养和引进国际一流人才和科研团队，加大科研单位改革力度，最大限度调

---

[*] 这是习近平同志在经济社会领域专家座谈会上讲话的一部分。

动科研人员的积极性,提高科技产出效率。要坚持开放创新,加强国际科技交流合作。

在科学家座谈会上的讲话

（二〇二〇年九月十一日）

今天，我们召开科学家座谈会，听听大家对"十四五"时期以及更长一个时期推动创新驱动发展、加快科技创新步伐的意见和建议。出席今天座谈会的科学家和科技工作者，分别来自科研院所、高等院校和企业，涉及基础研究、应用基础研究、应用研究，还有在华工作的外国科学家。

刚才，大家结合各自研究领域，就深化科技体制改革、推动科技创新和发展等问题，提出了许多有价值的意见和建议。请有关方面认真研究吸收。下面，结合大家的发言，我谈几点意见。

一、充分认识加快科技创新的重大战略意义。

党的十八大以来，我们高度重视科技创新工作，坚持把创新作为引领发展的第一动力。通过全社会共同努力，我国科技事业取得历史性成就、发生历史性变革。重大创新成果竞相涌现，一些前沿领域开始进入并跑、领跑阶段，科技实力正在从量的积累迈向质的飞跃，从点的突破迈向系统能力提升。在这次抗击新冠肺炎疫情过程中，广大科技工作者在治疗、疫苗研发、防控等多个重要领域开展科研攻关，为统筹推进疫情防控和经济社会发展提供了有力支撑、作出了重大贡献。借此机会，我向广大科技工作者表示衷心的感谢！

当今世界正经历百年未有之大变局，我国发展面临的国内外环境发生深刻复杂变化，我国"十四五"时期以及更长时期的发展对加快科技创新提出了更为迫切的要求。一是加快科技创新是推动高质量发展的需要。建设现代化经济体系，推动质量变革、效率变革、动力变革，都需要强大科技支撑。二是加快科技创新是实现人民高品质生活的需要。当前，我国社会主要矛盾已经转化为人民日益增长的美好生活需要和不平衡不充分的发展之间的矛盾，为满足人民对美好生活的向往，必须推出更多涉及民生的科技创新成果。三是加快科技创新是构建新发展格局的需要。推动国内大循环，必须坚持供给侧结构性改革这一主线，提高供给体系质量和水平，以新供给创造新需求，科技创新是关键。畅通国内国际双循环，也需要科技实力，保障产业链供应链安全稳定。四是加快科技创新是顺利开启全面建设社会主义现代化国家新征程的需要。从最初提出"四个现代化"到现在提出全面建设社会主义现代化强国，科学技术现代化从来都是我国实现现代化的重要内容。

现在，我国经济社会发展和民生改善比过去任何时候都更加需要科学技术解决方案，都更加需要增强创新这个第一动力。同时，在激烈的国际竞争面前，在单边主义、保护主义上升的大背景下，我们必须走出适合国情的创新路子，特别是要把原始创新能力提升摆在更加突出的位置，努力实现更多"从0到1"的突破。希望广大科学家和科技工作者肩负起历史责任，坚持面向世界科技前沿、面向经济主战场、面向国家重大需求、面向人民生命健康，不断向科学技术广度和深度进军。

二、加快解决制约科技创新发展的一些关键问题。

我国拥有数量众多的科技工作者、规模庞大的研发投入，初步具备了在一些领域同国际先进水平同台竞技的条件，关键是要改善科技创新生态，激发创新创造活力，给广大科学家和科技工作者搭建施展才华的舞台，让科技创新成果源源不断涌现出来。

第一，坚持需求导向和问题导向。科研选题是科技工作首先需要解决的问题。我多次讲，研究方向的选择要坚持需求导向，从国家急迫需要和长远需求出发，真正解决实际问题。恩格斯说："社会一旦有技术上的需要，这种需要就会比十所大学更能把科学推向前进。"

当前，我国经济社会发展、民生改善、国防建设面临许多需要解决的现实问题。比如，农业方面，很多种子大量依赖国外，农产品种植和加工技术相对落后，一些地区农业面源污染、耕地重金属污染严重。工业方面，一些关键核心技术受制于人，部分关键元器件、零部件、原材料依赖进口。能源资源方面，石油对外依存度达到百分之七十以上，油气勘探开发、新能源技术发展不足；水资源空间分布失衡，带来不少问题。社会方面，我国人口老龄化程度不断加深，人民对健康生活的要求不断提升，生物医药、医疗设备等领域科技发展滞后问题日益凸显。对能够快速突破、及时解决问题的技术，要抓紧推进；对属于战略性、需要久久为功的技术，要提前部署。

第二，整合优化科技资源配置。对科技创新来说，科技资源优化配置至关重要。"两弹一星"成功，有赖于一批领军人才，也有赖于我国强有力的组织系统。我们有大批科学家、院士，有世界级规模的科研人员和工程师队伍，要狠抓创新体系建设，进行优化组合，克服分散、低效、重复的弊端。要有一批帅才型科学家，发挥有效整合科研资源作用。要发挥企业技术创新主体作用，推动创新要素向企业集聚，促进产学研深度融合。要发挥我国社会主义制度能够集中力量办大事的优势，优化配置优势资源，推动重要领域关键核心技术攻关。要组建一批国家实验室，对现有国家重点实验室进行重组，形成我国实验室体系。要发挥高校在科研中的重要作用，调动各类科研院所的积极性，发挥人才济济、组织有序的优势，形成战略力量。

第三，持之以恒加强基础研究。基础研究是科技创新的源头。我国基础研究虽然取得显著进步，但同国际先进水平的差距还是明显的。我国面临的很多"卡脖子"技术问题，根子是基础理论研究跟不上，源头和底层的东西没有搞清楚。基础研究一方面要遵循科学发现自身规律,以探索世界奥秘的好奇心来驱动,鼓励自由探索和充分的交流辩论;另一方面要通过重大科技问题带动,在重大应用研究中抽象出理论问题,进而探索科学规律,使基础研究和应用研究相互促进。要明确我国基础研究领域方向和发展目标,久久为功,持续不断坚持下去。要加大基础研究投入,首先是国家财政要加大投入力度,同时要引导企业和金融机构以适当形式加大支持,鼓励社会以捐赠和建立基金等方式多渠道投入,扩大资金来源,形成持续稳定投入机制。对开展基础研究有成效的科研单位和企业,要在财政、金融、税收等方面给予必要政策支持。要创造有利于基础研究的良好科研生态,建立健全科学评价体系、激励机制,鼓励广大科研人员解放思想、大胆创新,让科学家潜心搞研究。要办好一流学术期刊和各类学术平台,加强国内国际学术交流。

第四,加强创新人才教育培养。人才是第一资源。国家科技创新力的根本源泉在于人。十年树木,百年树人。要把教育摆在更加重要位置,全面提高教育质量,注重培养学生创新意识和创新能力。要加强数学、物理、化学、生物等基础学科建设,鼓励具备条件的高校积极设置基础研究、交叉学科相关学科专业,加强基础学科本科生培养,探索基础学科本硕博连读培养模式。要加强基础学科拔尖学生培养,在数理化生等学科建设一批基地，吸引最优秀的学生投身基础研究。要加强高校基础研究，布局建设前沿科学中心，发展新型研究型大学。要尊重人才成长规律和科研活动自身规律，培养造就一批具有国际水平的战略科技人才、科技领军人才、创新团队。要高度重视青年科技人才成长，使他们成为科技创新主力军。要面向世界汇聚一流人才，吸引海外高端人才，为海外科学家在华工作提供具有国际竞争力和吸引力的环境条件。

第五，依靠改革激发科技创新活力。我国科技队伍蕴藏着巨大创新潜能，关键是要通过深化科技体制改革把这种潜能有效释放出来。转变政府职能是科技改革的重要任务。我们很多产业链供应链都需要科技解决方案，能够提供这种解决方案的只能是奋战在一线的千千万万科技工作者和市场主体，政府要做的是为他们创造良好环境、提供基础条件，发挥好组织协调作用。要加快科技管理职能转变，把更多精力从分钱、分物、定项目转到定战略、定方针、定政策和创造环境、搞好服务上来。要加快推进科研院所改革，赋予高校、科研机构更大自主权，给予创新领军人才更大技术路线决定权和经费使用权，坚决破除"唯论文、唯职称、唯学历、唯奖项"。要整合财政科研投入体制，改变部门分割、小而散的状态。对大家提出的加强科技力量统筹问题，我们将通盘研究考虑。

第六，加强国际科技合作。国际科技合作是大趋势。我们要更加主动地融入全球创新网络，在开放合作中提升自身科技创新能力。越是面临封锁打压，越不能搞自我封闭、自我隔绝，而是要实施更加开放包容、互惠共享的国际科技合作战略。一方面，要坚持把自己的事情办好，持续提升科技自主创新能力，在一些优势领域打造"长板"，夯实国际合作基础。另一方面，要以更加开放的思维和举措推进国际科技交流合作。在当前形势下，要务实推进全球疫情防控和公共卫生领域国际科技合作，开展药物、疫苗、检测等领域的研究合作。要聚焦气候变化、人类健康等共性问题，加强同各国科研人员的联合研发。要逐步放开在我国境内设立国际科技组织、外籍科学家在我国科技学术组织任职，使我国成为全球科技开放合作的广阔舞台。

三、大力弘扬科学家精神。

科学成就离不开精神支撑。科学家精神是科技工作者在长期科学实践中积累的宝贵精神财富。新中国成立以来，广大科技工作者在祖国大地上树立起一座座科技创新的丰碑，也铸就了独特的精神气质。去年五月，党中央专门出台了《关于进一步弘扬科学家精神加强作风和学风建设的意见》，要求大力弘扬胸怀祖国、服务人民的爱国精神，勇攀高峰、敢为人先的创新精神，追求真理、严谨治学的求实精神，淡泊名利、潜心研究的奉献精神，集智攻关、团结协作的协同精神，甘为人梯、奖掖后学的育人精神。广大科技工作者要肩负起历史赋予的科技创新重任。这里，我重点强调一下爱国精神和创新精神。

科学无国界，科学家有祖国。我国科技事业取得的历史性成就，是一代又一代矢志报国的科学家前赴后继、接续奋斗的结果。从李四光、钱学森、钱三强、邓稼先等一大批老一辈科学家，到陈景润、黄大年、南仁东等一大批新中国成立后成长起来的杰出科学家，都是爱国科学家的典范。希望广大科技工作者不忘初心、牢记使命，秉持国家利益和人民利益至上，继承和发扬老一辈科学家胸怀祖国、服务人民的优秀品质，弘扬"两弹一星"精神，主动肩负起历史重任，把自己的科学追求融入建设社会主义现代化国家的伟大事业中去。

科技创新特别是原始创新要有创造性思辨的能力、严格求证的方法，不迷信学术权威，不盲从既有学说，敢于大胆质疑，认真实证，不断试验。原创一般来自假设和猜想，是一个不断观察、思考、假设、实验、求证、归纳的复杂过程，而不是简单的归纳。假设和猜想的创新性至关重要。爱因斯坦说过："提出一个问题往往比解决一个问题更重要。"如果选不准，即使花费很大精力，也很难做出成果。广大科技工作者要树立敢于创造的雄心壮志，敢于提出新理论、开辟新领域、探索新路径，在独创独有上下功夫。要多出高水平的原创成果，为不断丰富和发展科学体系作出贡献。科学研究特别是基础研究的出发点往往是科学家探究自然奥秘的好奇心。从实践看，凡是取得突出成就的科学家都是凭借执着的好奇心、事业心，终身探索成就事业的。有研究表明，科学家的优势不仅靠智力，更主要的是专注和勤奋，经过长期探索而在某个领域形成优势。要鼓励科技工作者专注于自己的科研事业，勤奋钻研，不慕虚荣，不计名利。要广泛宣传科技工作者勇于探索、献身科学的生动事迹。好奇心是人的天性，对科学兴趣的引导和培养要从娃娃抓起，使他们更多了解科学知识，掌握科学方法，形成一大批具备科学家潜质的青少年群体。

各级党委和政府以及各级领导干部要认真贯彻党中央关于科技创新的决策部署，落实好创新驱动发展战略，尊重劳动、尊重知识、尊重人才、尊重创造，遵循科学发展规律，推动科技创新成果不断涌现，并转化为现实生产力。领导干部要加强对新科学知识的学习，关注全球科技发展趋势。

马克思讲过："在科学上没有平坦的大道，只有不畏劳苦沿着陡峭山路攀登的人，才有希望达到光辉的顶点。"我相信，我国广大科学家和科技工作者有信心、有意志、有能力登上科学高峰，为实现中华民族伟大复兴、为推动构建人类命运共同体作出应有贡献！

充分认识推动量子科技发展的重要性和紧迫性*

（二〇二〇年十月十六日）

当今世界正经历百年未有之大变局，科技创新是其中一个关键变量。我们要于危机中育先机、于变局中开新局，必须向科技创新要答案。要充分认识推动量子科技发展的重要性和紧迫性，加强量子科技发展战略谋划和系统布局，把握大趋势，下好先手棋。

近年来，量子科技发展突飞猛进，成为新一轮科技革命和产业变革的前沿领域。加快发展量子科技，对促进高质量发展、保障国家安全具有非常重要的作用。安排这次集体学习，目的是了解世界量子科技发展态势，分析我国量子科技发展形势，更好推进我国量子科技发展。

量子力学是人类探究微观世界的重大成果。量子科技发展具有重大科学意义和战略价值，是一项对传统技

---

* 这是习近平同志主持中共十九届中央政治局第二十四次集体学习时讲话的要点。

术体系产生冲击、进行重构的重大颠覆性技术创新,将引领新一轮科技革命和产业变革方向。我国科技工作者在量子科技上奋起直追,取得一批具有国际影响力的重大创新成果。总体上看,我国已经具备了在量子科技领域的科技实力和创新能力。同时,也要看到,我国量子科技发展存在不少短板,发展面临多重挑战。我们必须坚定不移走自主创新道路,坚定信心、埋头苦干,突破关键核心技术,努力在关键领域实现自主可控,保障产业链供应链安全,增强我国科技应对国际风险挑战的能力。

要系统总结我国量子科技发展的成功经验,借鉴国外的有益做法,深入分析研判量子科技发展大势,找准我国量子科技发展的切入点和突破口,统筹基础研究、前沿技术、工程技术研发,培育量子通信等战略性新兴产业,抢占量子科技国际竞争制高点,构筑发展新优势。

要加强顶层设计和前瞻布局。要加强战略研判,坚持创新自信,敢啃硬骨头。在组织实施长周期重大项目中加强顶层设计和前瞻布局,加强多学科交叉融合和多技术领域集成创新,形成我国量子科技发展的体系化能力。

要健全政策支持体系。要加快营造推进量子科技发展的良好政策环境,形成更加有力的政策支持。要保证对量子科技领域的资金投入,同时带动地方、企业、社会加大投入力度。要加大对科研机构和高校对量子科技基础研究的投入，加强国家战略科技力量统筹建设，完善科研管理和组织机制。

要加快基础研究突破和关键核心技术攻关。量子科技发展取决于基础理论研究的突破，颠覆性技术的形成是个厚积薄发的过程。要统筹量子科技领域人才、基地、项目，实现全要素一体化配置，加快推进量子科技重大项目实施。要加大关键核心技术攻关，不畏艰难险阻，勇攀科学高峰，在量子科技领域再取得一批高水平原创成果。

要培养造就高水平人才队伍。重大发明创造、颠覆性技术创新关键在人才。要加快量子科技领域人才培养力度，加快培养一批量子科技领域的高精尖人才，建立适应量子科技发展的专门培养计划，打造体系化、高层次量子科技人才培养平台。要围绕量子科技前沿方向，加强相关学科和课程体系建设，造就一批能够把握世界科技大势、善于统筹协调的世界级科学家和领军人才，发现一批创新思维活跃、敢闯"无人区"的青年才俊和顶尖人才。要建立以信任为前提的顶尖科学家负责制，给他们充分的人财物自主权和技术路线决定权，鼓励优秀青年人才勇挑重担。要用好人才评价这个"指挥棒"，完善科技人员绩效考核评价机制，把科研人员创造性活动从不合理的经费管理、人才评价等体制中解放出来，营造有利于激发科技人才创新的生态系统。

要促进产学研协同创新。要提高量子科技理论研究成果向实用化、工程化转化的速度和效率，积极吸纳企业参与量子科技发展，引导更多高校、科研院所积极开展量子科技基础研究和应用研发，促进产学研深度融合和协同创新。要加强量子科技领域国际合作，提升量子科技领域国际合作的层次和水平。

各级党委和政府要高度重视科技创新发展，学习新知识，掌握新动态，做好重大科技任务布局规划，优化科技资源配置，采取得力措施保证党中央关于科技创新发展重大决策部署落地见效。要发挥宏观指导、统筹协调、服务保障作用，充分调动各方面积极性、主动性、创造性，有力推动重大科技任务攻关，为抢占科技发展国际竞争制高点、构筑发展新优势提供有力支持。

科技自立自强
是促进发展大局的根本支撑*

（二〇二〇年十月——二〇二一年一月）

一

要加快科技自立自强。这是确保国内大循环畅通、塑造我国在国际大循环中新优势的关键。要增强责任感和危机感，丢掉幻想，正视现实，打好关键核心技术攻坚战，加快攻克重要领域"卡脖子"技术。要充分激发人才创新活力，全方位培养、引进、用好人才，造就更多国际一流的科技领军人才和创新团队，培养具有国际竞争力的青年科技人才后备军。要为科学家和留学生回国从事研究开发、学习、工作和生活提供良好环境和服务保障，让他们人尽其才、才尽其用、为国效力。

（二〇二〇年十月二十九日在中共十九届五中全会第二次全体会议上的讲话）

---

* 这是习近平同志二〇二〇年十月至二〇二一年一月期间讲话中有关科技自立自强是促进发展大局的根本支撑内容的节录。

二

科技自立自强是促进发展大局的根本支撑。在抗击新冠肺炎疫情、应对外部经济环境变化、抵御外部势力打压的进程中，我们高度重视科技的重大作用，用科学防治降服病魔、保障人民生命健康，用科技创新保持产业链供应链运行，用加快突破"卡脖子"的关键核心技术保证经济安全、推动实现高质量发展。实践再次证明，只要秉持科学精神、把握科学规律、大力推动自主创新，我们就一定能够把国家发展建立在更加安全、更为可靠的基础之上。

（二〇二〇年十二月十六日在中央经济工作会议上的讲话）

三

构建新发展格局最本质的特征是实现高水平的自立自强。当前，我国经济发展环境出现了变化，特别是生产要素相对优势出现了变化。劳动力成本在逐步上升，资源环境承载能力达到了瓶颈，旧的生产函数组合方式已经难以持续，科学技术的重要性全面上升。在这种情况下，我们必须更强调自主创新。因此，在"十四五"规划《建议》中，第一条重大举措就是科技创新，第二条就是突破产业瓶颈。我们必须把这个问题放在能不能生存和发展的高度加以认识，全面加强对科技创新的部署，集合优势资源，有力有序推进创新攻关的"揭榜挂帅"体制机制，加强创新链和产业链对接，明确路线图、时间表、责任制，适合部门和地方政府牵头的要牵好头，适合企业牵头的政府要全力支持。中央企业等国有企业要勇挑重担、敢打头阵，勇当原创技术的"策源地"、现代产业链的"链长"。

（二〇二一年一月十一日在省部级主要领导干部学习贯彻党的十九届五中全会精神专题研讨班上的讲话）

全面加强知识产权保护工作，激发创新活力，推动构建新发展格局*

（二○二○年十一月三十日）

今天，中央政治局进行第二十五次集体学习，内容是加强我国知识产权保护工作。党的十九届五中全会《建议》对加强知识产权保护工作提出明确要求。安排这次学习，目的是认清我国知识产权保护工作的形势和任务，总结成绩，查找不足，提高对知识产权保护工作重要性的认识，从加强知识产权保护工作方面，为贯彻新发展理念、构建新发展格局、推动高质量发展提供有力保障。

创新是引领发展的第一动力，保护知识产权就是保护创新。全面建设社会主义现代化国家，必须更好推进知识产权保护工作。知识产权保护工作关系国家治理体系和治理能力现代化，只有严格保护知识产权，才能完善现代产权制度、深化要素市场化改革，促进市场在资

---

* 这是习近平同志主持中共十九届中央政治局第二十五次集体学习时讲话的主要部分。

源配置中起决定性作用、更好发挥政府作用。知识产权保护工作关系高质量发展，只有严格保护知识产权，依法对侵权假冒的市场主体、不法分子予以严厉打击，才能提升供给体系质量、有力推动高质量发展。知识产权保护工作关系人民生活幸福，只有严格保护知识产权，净化消费市场、维护广大消费者权益，才能实现让人民群众买得放心、吃得安心、用得舒心。知识产权保护工作关系国家对外开放大局，只有严格保护知识产权，才能优化营商环境、建设更高水平开放型经济新体制。知识产权保护工作关系国家安全，只有严格保护知识产权，才能有效保护我国自主研发的关键核心技术、防范化解重大风险。

党的十八大以来，我多次强调，要建立高效的知识产权综合管理体制，打通知识产权创造、运用、保护、管理、服务全链条，推动形成权界清晰、分工合理、责权一致、运转高效的体制机制；要实行严格的知识产权保护制度，提高知识产权审查质量和审查效率，坚决依法惩处侵犯合法权益特别是侵犯知识产权行为，引入惩罚性赔偿制度，显著提高侵权代价和违法成本，震慑违法侵权行为，等等。

我国知识产权保护工作，新中国成立后不久就开始了。一九五〇年，我国就颁布了《保障发明权与专利权暂行条例》、《商标注册暂行条例》等法规，对实施专利、商标制度作出了初步探索。党的十一届三中全会以后，我国知识产权工作逐步走上正规化轨道。

党的十八大以来，党中央把知识产权保护工作摆在更加突出的位置，出台了《深入实施国家知识产权战略行动计划（二〇一四——二〇二〇年）》、《国务院关于新形势下加快知识产权强国建设的若干意见》、《"十三五"国家知识产权保护和运用规划》等系列决策部署。在这次党和国家机构改革中，我们组建了国家市场监管总局，重新组建了国家知识产权局，实现了专利、商标、原产地地理标志等知识产权类别的集中统一管理。我们在北京、上海、广州成立知识产权法院，最高人民法院挂牌成立知识产权法庭，审理全国范围内专利等技术类知识产权上诉案件，建成了知识产权专业化审判体系。

总的看，我国知识产权事业不断发展，走出了一条中国特色知识产权发展之路，知识产权保护工作取得了历史性成就，知识产权法规制度体系和保护体系不断健全、保护力度不断加强，全社会尊重和保护知识产权意识明显提升，对激励创新、打造品牌、规范市场秩序、扩大对外开放发挥了重要作用。

同时，我们也要清醒看到不足，主要表现为：全社会对知识产权保护的重要性认识需要进一步提高；随着新技术新业态蓬勃发展，知识产权保护法治化仍然跟不上；知识产权整体质量效益还不够高，高质量高价值知识产权偏少；行政执法机关和司法机关的协调有待加强；知识产权领域仍存在侵权易发多发和侵权易、维权难的现象，知识产权侵权违法行为呈现新型化、复杂化、高技术化等特点；有的企业利用制度漏洞，滥用知识产权保护；市场主体应对海外知识产权纠纷能力明显不足，我国企业在海外的知识产权保护不到位，等等。

当前，我国正在从知识产权引进大国向知识产权创造大国转变，知识产权工作正在从追求数量向提高质量转变。我们必须从国家战略高度和进入新发展阶段要求出发，全面加强知识产权保护工作，促进建设现代化经济体系，激发全社会创新活力，推动构建新发展格局。

第一，加强知识产权保护工作顶层设计。要准确判断国内外形势新特点，谋划好知识产权保护工作。保护知识产权的目的是激励创新，服务和推动高质量发展，满足人民美好生活需要。要抓紧制定建设知识产权强国战略，研究制定"十四五"时期国家知识产权保护和运用规划，明确目标、任务、举措和实施蓝图。要坚持以我为主、人民利益至上、公正合理保护，既严格保护知识产权，又防范个人和企业权利过度扩张，确保公共利益和激励创新兼得。要加强关键领域自主知识产权创造和储备，部署一批重大改革举措、重要政策、重点工程。

第二，提高知识产权保护工作法治化水平。完备的知识产权法律法规体系、高效的执法司法体系，是强化知识产权保护的重要保障。要在严格执行民法典相关规定的同时，加快完善相关法律法规，统筹推进专利法、商标法、著作权法、反垄断法、科学技术进步法等修订工作，增强法律之间的一致性。要加强地理标志、商业秘密等领域立法。要强化民事司法保护，研究制定符合知识产权案件规律的诉讼规范。要提高知识产权审判质量和效率，提升公信力。要促进知识产权行政执法标准和司法裁判标准统一，完善行政执法和司法衔接机制。要完善刑事法律和司法解释，加大刑事打击力度。要加大行政执法力度，对群众反映强烈、社会舆论关注、侵权假冒多发的重点领域和区域，要重拳出击、整治到底、震慑到位。

第三，强化知识产权全链条保护。知识产权保护是一个系统工程，覆盖领域广、涉及方面多，要综合运用法律、行政、经济、技术、社会治理等多种手段，从审查授权、行政执法、司法保护、仲裁调解、行业自律、公民诚信等环节完善保护体系，加强协同配合，构建大保护工作格局。要打通知识产权创造、运用、保护、管理、服务全链条，健全知识产权综合管理体制，增强系统保护能力。要统筹做好知识产权保护、反垄断、公平竞争审查等工作，促进创新要素自主有序流动、高效配置。要形成便民利民的知识产权公共服务体系，构建国家知识产权大数据中心和公共服务平台，及时传播知识产权信息，让创新成果更好惠及人民。要加强知识产权信息化、智能化基础设施建设，强化人工智能、大数据等信息技术在知识产权审查和保护领域的应用，推动知识产权保护线上线下融合发展。要鼓励建立知识产权保护自律机制，推动诚信体系建设。要加强知识产权保护宣传教育，增强全社会尊重和保护知识产权的意识。

第四，深化知识产权保护工作体制机制改革。党的十八大以来，我们在知识产权领域部署推动了一系列改革，要继续抓好落实，做到系统集成、协同推进。要研究实行差别化的产业和区域知识产权政策，完善知识产权审查制度。要健全大数据、人工智能、基因技术等新领域新业态知识产权保护制度，及时研究制定传统文化、传统知识等领域保护办法。要深化知识产权审判领域改革创新，健全知识产权诉讼制度，完善技术类知识产权审判，抓紧落实知识产权侵权惩罚性赔偿制度。要健全知识产权评估体系，改进知识产权归属制度，研究制定防止知识产权滥用相关制度。

第五，统筹推进知识产权领域国际合作和竞争。知识产权是国际竞争力的核心要素，也是国际争端的焦点。我们要敢于斗争、善于斗争，决不放弃正当权益，决不牺牲国家核心利益。要秉持人类命运共同体理念，坚持开放包容、平衡普惠的原则，深度参与世界知识产权组织框架下的全球知识产权治理，推动完善知识产权及相关国际贸易、国际投资等国际规则和标准，推动全球知识产权治理体制向着更加公正合理方向发展。要拓展影响知识产权国际舆论的渠道和方式，讲好中国知识产权故事，展示文明大国、负责任大国形象。要深化同共建"一带一路"沿线国家和地区知识产权合作，倡导知识共享。

第六，维护知识产权领域国家安全。我讲过，知识产权对外转让要坚持总体国家安全观。要加强事关国家安全的关键核心技术的自主研发和保护，依法管理涉及国家安全的知识产权对外转让行为。要完善知识产权反垄断、公平竞争相关法律法规和政策措施，形成正当有力的制约手段。要推进我国知识产权有关法律规定域外适用，完善跨境司法协作安排。要形成高效的国际知识产权风险预警和应急机制，建设知识产权涉外风险防控体系，加大对我国企业海外知识产权维权援助。

各级党委和政府要落实责任，强化知识产权工作相关协调机制，重视知识产权人才队伍建设，形成工作合力，坚决打击假冒侵权行为，坚决克服地方保护主义。各级领导干部要增强知识产权意识，加强学习，熟悉业务，增强新形势下做好知识产权保护工作的本领，既学会运用知识产权保护制度推动经济社会高质量发展，又学会利用知识产权保护制度开展国际合作和竞争，推动我国知识产权保护工作不断迈上新的台阶。

发展科学技术必须具有全球视野*

（二○二一年九月二十四日）

当前，世界百年未有之大变局加速演进，新冠肺炎疫情影响广泛深远，世界经济复苏面临严峻挑战，世界各国更加需要加强科技开放合作，通过科技创新共同探索解决重要全球性问题的途径和方法，共同应对时代挑战，共同促进人类和平与发展的崇高事业。

当今世界，发展科学技术必须具有全球视野，把握时代脉搏，紧扣人类生产生活提出的新要求。中国高度重视科技创新，致力于推动全球科技创新协作，将以更加开放的态度加强国际科技交流，积极参与全球创新网络，共同推进基础研究，推动科技成果转化，培育经济发展新动能，加强知识产权保护，营造一流创新生态，塑造科技向善理念，完善全球科技治理，更好增进人类福祉。

中关村是中国第一个国家自主创新示范区，中关村论坛是面向全球科技创新交流合作的国家级平台。中国支持中关村开展新一轮先行先试改革，加快建设世界领

---

* 这是习近平同志向二〇二一中关村论坛视频致辞的要点。

先的科技园区,为促进全球科技创新交流合作作出新的贡献。

深入实施新时代人才强国战略，加快建设世界重要人才中心和创新高地[*]

（二〇二一年九月二十七日）

今年是中国共产党成立一百周年。在百年奋斗历程中，我们党始终重视培养人才、团结人才、引领人才、成就人才，团结和支持各方面人才为党和人民事业建功立业。党的十八大以来，党中央作出人才是实现民族振兴、赢得国际竞争主动的战略资源的重大判断，作出全方位培养、引进、使用人才的重大部署，推动新时代人才工作取得历史性成就、发生历史性变革。

第一，党对人才工作的领导全面加强。我们坚持发展是第一要务、创新是第一动力、人才是第一资源，确立人才引领发展的战略地位，发挥重大人才工程牵引作用，深化人才发展体制机制改革，激发各类人才创新活力，各地区各部门抓人才工作的积极性和主动性前所未

---

* 这是习近平同志在中央人才工作会议上的讲话。

有，事业发展和政策创新为人才营造的条件前所未有，人才对我国发展的支撑作用前所未有，中华大地正在成为各类人才大有可为、大有作为的热土。

第二，人才队伍快速壮大。全国人才资源总量从二〇一〇年的一亿二千万人增长到二〇一九年的二亿二千万人，其中专业技术人才从五千五百五十万四千人增长到七千八百三十九万八千人。各类研发人员全时当量达到四百八十万人年，居世界首位。

第三，人才效能持续增强。人才对经济社会发展的贡献逐年提升，服务创新驱动发展、决战脱贫攻坚、决胜全面建成小康社会、推动区域协调发展、抗击新冠肺炎疫情等国家重大战略和重大工作卓有成效。我国科技实力正在从量的积累迈向质的飞跃、从点的突破迈向系统能力提升。

第四，人才比较优势稳步增强。我国研发经费投入从二〇一二年的一万零三百亿元增长到二〇二〇年的二万四千四百亿元，居世界第二。世界知识产权组织等发布的全球创新指数显示，我国排名从二〇一二年的第三十四位快速上升到二〇二一年的第十二位。

这些事实说明，我国已经拥有一支规模宏大、素质优良、结构不断优化、作用日益突出的人才队伍，我国人才工作站在一个新的历史起点上。

当前，我国进入了全面建设社会主义现代化国家、向第二个百年奋斗目标进军的新征程，我们比历史上任何时期都更加接近实现中华民族伟大复兴的宏伟目标，也比历史上任何时期都更加渴求人才。实现我们的奋斗目标，高水平科技自立自强是关键。综合国力竞争说到底是人才竞争。人才是衡量一个国家综合国力的重要指标。人才是自主创新的关键，顶尖人才具有不可替代性。国家发展靠人才，民族振兴靠人才。我们必须增强忧患意识，更加重视人才自主培养，加快建立人才资源竞争优势。

必须看到，我国人才工作同新形势新任务相比还有很多不适应的地方。人才队伍结构性矛盾突出，人才政策精准化程度不高，人才发展体制机制改革还存在"最后一公里"不畅通的问题，人才评价唯论文、唯职称、唯学历、唯奖项"四唯"等问题仍然比较突出，等等。这些问题，不少是长期存在的难点，需要继续下大气力加以解决。

党的十九届五中全会明确了到二〇三五年我国进入创新型国家前列、建成人才强国的战略目标。做好新时代人才工作，必须坚持党管人才，坚持面向世界科技前沿、面向经济主战场、面向国家重大需求、面向人民生命健康，深入实施新时代人才强国战略，全方位培养、引进、用好人才，加快建设世界重要人才中心和创新高地，为二〇三五年基本实现社会主义现代化提供人才支撑，为二〇五〇年全面建成社会主义现代化强国打好人才基础。

一、全面贯彻新时代人才工作新理念新战略新举措。

党的十八大以来，党中央深刻回答了为什么建设人才强国、什么是人才强国、怎样建设人才强国的重大理论和实践问题，提出了一系列新理念新战略新举措。

一是坚持党对人才工作的全面领导。这是做好人才工作的根本保证。千秋基业，人才为本。党管人才就是党要领导实施人才强国战略、推进高水平科技自立自强，加强对人才工作的政治引领，全方位支持人才、帮助人才，千方百计造就人才、成就人才，以识才的慧眼、爱才的诚意、用才的胆识、容才的雅量、聚才的良方，着力把党内和党外、国内和国外各方面优秀人才集聚到党和人民的伟大奋斗中来，努力建设一支规模宏大、结构合理、素质优良的人才队伍。

二是坚持人才引领发展的战略地位。这是做好人才工作的重大战略。人才是创新的第一资源，人才资源是我国在激烈的国际竞争中的重要力量和显著优势。创新驱动本质上是人才驱动，立足新发展阶段、贯彻新发展理念、构建新发展格局、推动高质量发展，必须把人才资源开发放在最优先位置，大力建设战略人才力量，着力夯实创新发展人才基础。

三是坚持面向世界科技前沿、面向经济主战场、面向国家重大需求、面向人民生命健康。这是做好人才工作的目标方向。必须支持和鼓励广大科学家和科技工作者紧跟世界科技发展大势，对标一流水平，根据国家发展急迫需要和长远需求，敢于提出新理论、开辟新领域、探索新路径，多出战略性、关键性重大科技成果，不断攻克"卡脖子"关键核心技术，不断向科学技术广度和深度进军，把论文写在祖国大地上，把科技成果应用在实现社会主义现代化的伟大事业中。

四是坚持全方位培养用好人才。这是做好人才工作的重点任务。必须坚定人才培养自信，造就一流科技领军人才和创新团队，培养具有国际竞争力的青年科技人才后备军，用好用活人才，大胆使用青年人才，激发创新活力，放开视野选人才、不拘一格用人才。

五是坚持深化人才发展体制机制改革。这是做好人才工作的重要保障。必须破除人才培养、使用、评价、服务、支持、激励等方面的体制机制障碍，破除"四唯"现象，向用人主体授权，为人才松绑，把我国制度优势转化为人才优势、科技竞争优势，加快形成有利于人才成长的培养机制、有利于人尽其才的使用机制、有利于人才各展其能的激励机制、有利于人才脱颖而出的竞争机制，把人才从科研管理的各种形式主义、官僚主义的束缚中解放出来。

六是坚持聚天下英才而用之。这是做好人才工作的基本要求。中国发展需要世界人才的参与，中国发展也为世界人才提供机遇。必须实行更加积极、更加开放、更加有效的人才引进政策，用好全球创新资源，精准引进急需紧缺人才，形成具有吸引力和国际竞争力的人才制度体系，加快建设世界重要人才中心和创新高地。

七是坚持营造识才爱才敬才用才的环境。这是做好人才工作的社会条件。必须积极营造尊重人才、求贤若渴的社会环境，公正平等、竞争择优的制度环境，待遇适当、保障有力的生活环境，为人才心无旁骛钻研业务创造良好条件，在全社会营造鼓励大胆创新、勇于创新、包容创新的良好氛围。

八是坚持弘扬科学家精神。这是做好人才工作的精神引领和思想保证。必须弘扬胸怀祖国、服务人民的爱国精神，勇攀高峰、敢为人先的创新精神，追求真理、严谨治学的求实精神，淡泊名利、潜心研究的奉献精神，集智攻关、团结协作的协同精神，甘为人梯、奖掖后学的育人精神，教育引导各类人才矢志爱国奋斗、锐意开拓创新。

以上八条，是我们对我国人才事业发展规律性认识的深化，要始终坚持并不断丰富发展。

二、**加快建设世界重要人才中心和创新高地。**

人类历史上，科技和人才总是向发展势头好、文明程度高、创新最活跃的地方集聚。十六世纪以来，全球先后形成五个科学和人才中心。一是十六世纪的意大利，文艺复兴运动促进了科学发展，产生了哥白尼、伽利略、达·芬奇、维萨里等一大批科学家，诞生了《天体运行论》、《人体结构》、天文望远镜等一大批科学名著和科学发明。二是十七世纪的英国，培根经验主义理论和"知识就是力量"的理念加速了科学进步，产生了牛顿、波义耳等科学大师，开辟了力学、化学等多个学科，成为推动第一次工业革命的先导。三是十八世纪的法国，启蒙运动营造了向往科学的社会氛围，产生了拉格朗日、拉普拉斯、拉瓦锡、安培等为代表的一大批卓越科学家，在分析力学、热力学、化学等学科领域作出重大建树。四是十九世纪的德国，产生了爱因斯坦、普朗克、欧姆、高斯、黎曼、李比希、霍夫曼等一大批科学家，创立了相对论、量子力学、有机化学、细胞学说等重大科学理论。五是二十世纪的美国，集聚了费米、冯·诺依曼等一大批顶尖科学家，产生了贝尔、爱迪生、肖克利等一大批顶尖发明家，美国获得了近百分之七十的诺贝尔奖，产出占同期世界总数百分之六十以上的科学成果，集聚了全球近百分之五十的高被引科学家。

现在，世界新一轮科技革命和产业变革迅猛发展，我们既面临难得历史机遇，又面临严峻挑战。中华民族是勤劳智慧的民族，千百年来我国科技创新为人类文明作出了巨大贡献。近代以来，我国没有抓住工业革命的历史机遇，后又饱经战乱和列强欺凌，导致我国科技和人才长期落后。现在，我国正处于政治最稳定、经济最繁荣、创新最活跃的时期，党的坚强领导和我国社会主义制度的政治优势，基础研究和应用基础研究实现重大突破，面向国家重大需求的战略高技术研究取得重要成果，应用研究引领产业向中高端迈进，为我们加快建设世界重要人才中心和创新高地创造了有利条件。

加快建设世界重要人才中心和创新高地，必须把握战略主动，做好顶层设计和战略谋划。我们的目标是：到二〇二五年，全社会研发经费投入大幅增长，科技创新主力军队伍建设取得重要进展，顶尖科学家集聚水平明显提高，人才自主培养能力不断增强，在关键核心技术领域拥有一大批战略科技人才、一流科技领军人才和创新团队；到二〇三〇年，适应高质量发展的人才制度体系基本形成，创新人才自主培养能力显著提升，对世界优秀人才的吸引力明显增强，在主要科技领域有一批领跑者，在新兴前沿交叉领域有一批开拓者；到二〇三五年，形成我国在诸多领域人才竞争比较优势，国家战略科技力量和高水平人才队伍位居世界前列。

加快建设世界重要人才中心和创新高地，需要进行战略布局。综合考虑，可以在北京、上海、粤港澳大湾区建设高水平人才高地，一些高层次人才集中的中心城市也要着力建设吸引和集聚人才的平台，开展人才发展体制机制综合改革试点，集中国家优质资源重点支持建设一批国家实验室和新型研发机构，发起国际大科学计划，为人才提供国际一流的创新平台，加快形成战略支点和雁阵格局。

三、深化人才发展体制机制改革。

党的十八大以来，我们在改革人才培养、使用、评价、服务、支持、激励等机制方面下了很大功夫，取得了积极成效。同时，人才发展体制机制改革"破"得不够、"立"得也不够，既有中国特色又有国际竞争比较优势的人才发展体制机制还没真正建立。要坚持问题导向，着力解决多年困扰、反映强烈的突出问题。

第一，向用人主体授权。人才怎样用好，用人单位最有发言权。当务之急是要根据需要和实际向用人主体充分授权，真授、授到位。行政部门应该下放的权力都要下放，用人单位可以自己决定的事情都应该由用人单位决定，发挥用人主体在人才培养、引进、使用中的积极作用。用人主体要发挥主观能动性，增强服务意识和保障能力，建立有效的自我约束和外部监督机制，确保下放的权限接得住、用得好。用人单位要切实履行好主体责任，用不好授权、履责不到位的要问责。

第二，积极为人才松绑。长期以来，一些部门和单位习惯把人才管住，许多政策措施还是着眼于管，而在服务、支持、激励等方面措施不多、方法不灵。要遵循人才成长规律和科研规律，进一步破除"官本位"、行政化的传统思维，不能简单套用行政管理的办法对待科研工作，不能像管行政干部那样管科研人才。要完善人才管理制度，做到人才为本、信任人才、尊重人才、善待人才、包容人才。要赋予科学家更大技术路线决定权、更大经费支配权、更大资源调度权，放手让他们把才华和能量充分释放出来。同时，要建立健全责任制和"军令状"制度，确保科研项目取得成效。要深化科研经费管理改革，落实让经费为人的创造性活动服务的理念。要改革科研项目管理，优化整合人才计划，让人才静心做学问、搞研究，多出成果、出好成果。

第三，完善人才评价体系。我国人才发展体制机制一个突出问题是人才评价体系不合理，"四唯"现象仍然严重，人才"帽子"满天飞，滋长急功近利、浮躁浮夸等不良风气。要加快建立以创新价值、能力、贡献为导向的人才评价体系，基础前沿研究突出原创导向，社会公益性研究突出需求导向，应用技术开发和成果转化评价突出市场导向，形成并实施有利于科技人才潜心研究和创新的评价体系。要继续采取措施为"帽子热"降温，避免简单以学术头衔、人才称号确定薪酬待遇、配置学术资源的倾向。要面向国家战略需求推进院士制度改革，更好发挥广大院士在科研攻关、战略咨询、学科发展和人才培养中的作用。

四、加快建设国家战略人才力量。

战略人才站在国际科技前沿、引领科技自主创新、承担国家战略科技任务，是支撑我国高水平科技自立自强的重要力量，要把建设战略人才力量作为重中之重来抓。

第一，大力培养使用战略科学家。"统军持势者，将也；制胜败敌者，众也。"战略科学家是科学帅才，是国家战略人才力量中的"关键少数"。当前，全球进入大科学时代，科学研究的复杂性、系统性、协同性显著增强，战略科学家的重要性日益凸显。

战略科学家从哪里来？归根到底要从科技创新主战场中涌现出来，从科技创新主力军中成长起来。要坚持实践标准，在国家重大科技任务担纲领衔者中发现具有深厚科学素养、长期奋战在科研第一线，视野开阔，前瞻性判断力、跨学科理解能力、大兵团作战组织领导能力强的科学家。要坚持长远眼光，有意识地发现和培养更多具有战略科学家潜质的高层次复合型人才，形成战略科学家成长梯队。党和国家要加强和完善对国家重大科研项目的领导和指导。

第二，打造大批一流科技领军人才和创新团队。要建立"卡脖子"关键核心技术攻关人才特殊调配机制，制定实施专项行动计划，跨部门、跨地区、跨行业、跨体制调集领军人才，组建攻坚团队。要发挥国家实验室、国家科研机构、高水平研究型大学、科技领军企业的国家队作用，加速集聚、重点支持一流科技领军人才和创新团队。要围绕国家重点领域、重点产业，组织产学研协同攻关，在重大科研任务中培养人才。要优化领军人才发现机制和项目团队遴选机制，探索新的项目组织方式，对领军人才实行人才梯队配套、科研条件配套、管理机制配套的特殊政策，加快"卡脖子"关键核心技术突破。

第三，造就规模宏大的青年科技人才队伍。青年人才是国家战略人才力量的源头活水。有研究表明，自然科学家发明创造的最佳年龄段是二十五岁到四十五岁。我国青年科技人才存在担纲机会少、成长通道窄、生活压力大等问题。青年人才把精力过多投入到职称评审、项目申报、"帽子"竞争上,在薪酬待遇、住房、子女入学等方面还存在不少实际困难。要把培育国家战略人才力量的政策重心放在青年科技人才上,给予青年人才更多的信任、更好的帮助、更有力的支持,支持青年人才挑大梁、当主角。各类人才培养引进支持计划要向青年人才倾斜,扩大支持规模,优化支持方式。要重视解决青年科技人才面临的实际困难,让青年科技人才安身、安心、安业。要完善优秀青年人才全链条培养制度,组织实施高校优秀毕业生接续培养计划,从高校、科研院所、企业遴选高水平导师,赋予高端人才培养任务。

第四,培养大批卓越工程师。制造业是我国的立国之本、强国之基。我国是世界上唯一拥有全部工业门类的国家,同时我国制造业总体上仍处于全球价值链的中低端,许多产业面临工程师数量不足、质量不高问题。要探索形成中国特色、世界水平的工程师培养体系,努力建设一支爱党报国、敬业奉献、具有突出技术创新能力、善于解决复杂工程问题的工程师队伍。

培养卓越工程师,必须调动好高校和企业两个积极性。高校要深化工程教育改革,加大理工科人才培养分量,探索实行高校和企业联合培养高素质复合型工科人才的有效机制。这要作为高校特别是"双一流"大学建设的重要任务。企业要把培养环节前移，同高校一起设计培养目标、制定培养方案、实施培养过程，实行校企"双导师制"，实现产学研深度融合，解决工程技术人才培养与生产实践脱节的突出问题。

五、全方位培养、引进、用好人才。

"水积而鱼聚，木茂而鸟集。"我们要锚定二〇三五年跻身创新型国家前列、建成人才强国的远景目标，下大气力全方位培养、引进、用好人才。

第一，走好人才自主培养之路。培养人才是国家和民族长远发展的大计，当今世界人才的竞争首先是人才培养的竞争。中国是一个大国，对人才数量、质量、结构的需求是全方位的，满足这样庞大的人才需求必须主要依靠自己培养，提高人才供给自主可控能力。我国拥有世界上规模最大的高等教育体系，有各项事业发展的广阔舞台，完全能够源源不断培养造就大批优秀人才，完全能够培养出大师。我们要有这样的决心、这样的自信！

人才培养首先要聚焦解决基础研究人才数量不足、质量不高问题。高校特别是"双一流"大学要发挥培养基础研究人才主力军作用，全方位谋划基础学科人才培养，突破常规，创新模式，更加重视科学精神、创新能力、批判性思维的培养教育。要建设一批基础学科培养基地，吸引最优秀的学生立志投身基础研究，加大重大原始创新人才培养力度。要建立交叉学科发展引导机制，培养高水平复合型人才。要制定实施基础研究人才专项，长期稳定支持一批在自然科学领域取得突出成绩且具有明显创新潜力的青年人才。

全面建设社会主义现代化强国，要培养造就大批哲学家、社会科学家、文学艺术家等各方面人才。近年来，我国哲学社会科学和文学艺术人才队伍不断壮大、素质不断提升、结构不断优化，但还存在不少问题。要培养造就一批善于思考和研究中国问题的人才，立足当代中国正在经历的社会变革和创新实践，发现新问题、提出新观点、构建新理论，推进马克思主义中国化、时代化，回答好中国共产党为什么能、马克思主义为什么行、中国特色社会主义为什么好的问题。要培养造就一批善于传播中华优秀文化的人才，发出中国声音、讲好中国故事，不断提高国际传播影响力、中华文化感召力、中国形象亲和力、中国话语说服力和国际舆论引导力。要研究编制哲学社会科学和文学艺术人才发展规划，为构建中国特色哲学社会科学、繁荣发展社会主义文艺提供坚实人才支撑。

第二，加大人才对外开放力度。强调人才自主培养，绝不意味着自我隔绝。要结合新形势加强人才国际交流，坚持全球视野、世界一流水平，千方百计引进那些能为我所用的顶尖人才，使更多全球智慧资源、创新要素为我所用。人才对外开放是双向的，不仅要引进来，还要走出去。要采取多种方式开辟人才走出去培养的新路子，使人才培养渠道多元化，储备更多人才。

第三，用好用活各类人才。对待急需紧缺的特殊人才，要有特殊政策，不要求全责备，不要论资排辈，不要都用一把尺子衡量，让有真才实学的人才英雄有用武之地。要建立以信任为基础的人才使用机制，允许失败、宽容失败，完善科学家本位的科研组织体系，完善科研任务"揭榜挂帅"、"赛马"制度，实行目标导向的"军令状"制度，鼓励科技领军人才挂帅出征。要为各类人才搭建干事创业的平台，构建充分体现知识、技术等创新要素价值的收益分配机制，让事业激励人才，让人才成就事业。

这里，我要特别强调的是，做好人才工作必须坚持正确政治方向，不断加强和改进知识分子工作，鼓励人才深怀爱国之心、砥砺报国之志，主动担负起时代赋予的使命责任。广大人才要继承和发扬老一辈科学家胸怀祖国、服务人民的优秀品质，心怀"国之大者"，为国分忧、为国解难、为国尽责。要优化人才表彰奖励制度，加大先进典型宣传力度，在全社会推动形成尊重人才的风尚。

各级党委（党组）要完善党委统一领导，组织部门牵头抓总，职能部门各司其职、密切配合，社会力量广泛参与的人才工作格局。各级党委组织部门要在党委领导下，统筹推进人才工作重大举措。各地区各部门要立足实际、突出重点，解决人才反映强烈的实际问题。要健全政府、社会、单位多元化人才投入机制，加大人才发展投入，提高人才投入效益。各级党委宣传部门，各级教育、科技、工信、安全、人社、文旅、国资、金融、外事等部门，要充分发挥职能作用，共同抓好人才工作各项任务落实。

不断做强做优做大我国数字经济[*]

（二〇二一年十月十八日）

近年来，互联网、大数据、云计算、人工智能、区块链等技术加速创新，日益融入经济社会发展各领域全过程，各国竞相制定数字经济发展战略、出台鼓励政策，数字经济发展速度之快、辐射范围之广、影响程度之深前所未有，正在成为重组全球要素资源、重塑全球经济结构、改变全球竞争格局的关键力量。

长期以来，我一直重视发展数字技术、数字经济。二〇〇〇年我在福建工作期间就提出建设"数字福建"，二〇〇三年在浙江工作期间又提出建设"数字浙江"。党的十八大以来，我多次强调要发展数字经济。二〇一六年在十八届中央政治局第三十六次集体学习时强调要做大做强数字经济、拓展经济发展新空间；同年在二十国集团领导人杭州峰会上首次提出发展数字经济的倡议，得到各国领导人和企业家的普遍认同；二〇一七年在十九届中央政治局第二次集体学习时强调要加快建设

---

[*] 这是习近平同志主持中共十九届中央政治局第三十四次集体学习时讲话的主要部分。

数字中国，构建以数据为关键要素的数字经济，推动实体经济和数字经济融合发展；二〇一八年在中央经济工作会议上强调要加快5G、人工智能、工业互联网等新型基础设施建设；二〇二一年在致世界互联网大会乌镇峰会的贺信中指出，要激发数字经济活力，增强数字政府效能，优化数字社会环境，构建数字合作格局，筑牢数字安全屏障，让数字文明造福各国人民。

党的十八大以来，党中央高度重视发展数字经济，将其上升为国家战略。党的十八届五中全会提出，实施网络强国战略和国家大数据战略，拓展网络经济空间，促进互联网和经济社会融合发展，支持基于互联网的各类创新。党的十九大提出，推动互联网、大数据、人工智能和实体经济深度融合，建设数字中国、智慧社会。党的十九届五中全会提出，发展数字经济，推进数字产业化和产业数字化，推动数字经济和实体经济深度融合，打造具有国际竞争力的数字产业集群。我们出台了《网络强国战略实施纲要》、《数字经济发展战略纲要》，从国家层面部署推动数字经济发展。这些年来，我国数字经济发展较快、成就显著。根据二〇二一全球数字经济大会的数据，我国数字经济规模已经连续多年位居世界第二。特别是新冠肺炎疫情暴发以来，数字技术、数字经济在支持抗击新冠肺炎疫情、恢复生产生活方面发挥了重要作用。

同时，我们要看到，同世界数字经济大国、强国相比，我国数字经济大而不强、快而不优。还要看到，我国数字经济在快速发展中也出现了一些不健康、不规范的苗头和趋势，这些问题不仅影响数字经济健康发展，而且违反法律法规、对国家经济金融安全构成威胁，必须坚决纠正和治理。

综合判断，发展数字经济意义重大，是把握新一轮科技革命和产业变革新机遇的战略选择。一是数字经济健康发展，有利于推动构建新发展格局。构建新发展格局的重要任务是增强经济发展动能、畅通经济循环。数字技术、数字经济可以推动各类资源要素快捷流动、各类市场主体加速融合，帮助市场主体重构组织模式，实现跨界发展，打破时空限制，延伸产业链条，畅通国内外经济循环。二是数字经济健康发展，有利于推动建设现代化经济体系。数据作为新型生产要素，对传统生产方式变革具有重大影响。数字经济具有高创新性、强渗透性、广覆盖性，不仅是新的经济增长点，而且是改造提升传统产业的支点，可以成为构建现代化经济体系的重要引擎。三是数字经济健康发展，有利于推动构筑国家竞争新优势。当今时代，数字技术、数字经济是世界科技革命和产业变革的先机，是新一轮国际竞争重点领域，我们一定要抓住先机、抢占未来发展制高点。

面向未来，我们要站在统筹中华民族伟大复兴战略全局和世界百年未有之大变局的高度，统筹国内国际两个大局、发展安全两件大事，充分发挥海量数据和丰富应用场景优势，促进数字技术和实体经济深度融合，赋能传统产业转型升级，催生新产业新业态新模式，不断做强做优做大我国数字经济。

第一，加强关键核心技术攻关。要牵住数字关键核心技术自主创新这个"牛鼻子"，发挥我国社会主义制度优势、新型举国体制优势、超大规模市场优势，提高数字技术基础研发能力，打好关键核心技术攻坚战，尽快实现高水平自立自强，把发展数字经济自主权牢牢掌握在自己手中。

第二，加快新型基础设施建设。要加强战略布局，加快建设以5G网络、全国一体化数据中心体系、国家产业互联网等为抓手的高速泛在、天地一体、云网融合、智能敏捷、绿色低碳、安全可控的智能化综合性数字信息基础设施，打通经济社会发展的信息"大动脉"。要全面推进产业化、规模化应用，培育具有国际影响力的大型软件企业，重点突破关键软件，推动软件产业做大做强，提升关键软件技术创新和供给能力。

第三，推动数字经济和实体经济融合发展。要把握数字化、网络化、智能化方向，推动制造业、服务业、农业等产业数字化，利用互联网新技术对传统产业进行全方位、全链条的改造，提高全要素生产率，发挥数字技术对经济发展的放大、叠加、倍增作用。要推动互联网、大数据、人工智能同产业深度融合，加快培育一批"专精特新"企业和制造业单项冠军企业。当然，要脚踏实地、因企制宜，不能为数字化而数字化。

第四，推进重点领域数字产业发展。要聚焦战略前沿和制高点领域，立足重大技术突破和重大发展需求，增强产业链关键环节竞争力，完善重点产业供应链体系，加速产品和服务迭代。要聚焦集成电路、新型显示、通信设备、智能硬件等重点领域，加快锻造长板、补齐短板，培育一批具有国际竞争力的大企业和具有产业链控制力的生态主导型企业，构建自主可控产业生态。要促进集群化发展，打造世界级数字产业集群。

第五，规范数字经济发展。推动数字经济健康发展，要坚持促进发展和监管规范两手抓、两手都要硬，在发展中规范、在规范中发展。要健全市场准入制度、公平竞争审查制度、公平竞争监管制度，建立全方位、多层次、立体化监管体系，实现事前事中事后全链条全领域监管，堵塞监管漏洞，提高监管效能。要纠正和规范发展过程中损害群众利益、妨碍公平竞争的行为和做法，防止平台垄断和资本无序扩张，依法查处垄断和不正当竞争行为。要保护平台从业人员和消费者合法权益。要加强税收监管和税务稽查。

第六，完善数字经济治理体系。要健全法律法规和政策制度，完善体制机制，提高我国数字经济治理体系和治理能力现代化水平。要完善主管部门、监管机构职责，分工合作、相互配合。要改进提高监管技术和手段，把监管和治理贯穿创新、生产、经营、投资全过程。要明确平台企业主体责任和义务，建设行业自律机制。要开展社会监督、媒体监督、公众监督，形成监督合力。要完善国家安全制度体系，重点加强数字经济安全风险预警、防控机制和能力建设，实现核心技术、重要产业、关键设施、战略资源、重大科技、头部企业等安全可控。要加强数字经济发展的理论研究。

第七，积极参与数字经济国际合作。要密切观察、主动作为，主动参与国际组织数字经济议题谈判，开展双多边数字治理合作，维护和完善多边数字经济治理机制，及时提出中国方案，发出中国声音。

数字经济事关国家发展大局。我们要结合我国发展需要和可能，做好我国数字经济发展顶层设计和体制机制建设。要加强形势研判，抓住机遇，赢得主动。各级领导干部要提高数字经济思维能力和专业素质，增强发展数字经济本领，强化安全意识，推动数字经济更好服务和融入新发展格局。要提高全民全社会数字素养和技能，夯实我国数字经济发展社会基础。

把科技的命脉牢牢掌握在自己手中＊

（二〇二二年六月二十八日）

科技自立自强是国家强盛之基、安全之要。我们必须完整、准确、全面贯彻新发展理念，深入实施创新驱动发展战略，把科技的命脉牢牢掌握在自己手中，在科技自立自强上取得更大进展，不断提升我国发展独立性、自主性、安全性，催生更多新技术新产业，开辟经济发展的新领域新赛道，形成国际竞争新优势。

光电子信息产业是应用广泛的战略高技术产业，也是我国有条件率先实现突破的高技术产业。要加强技术研发攻关，掌握更多具有自主知识产权的核心技术，不断延伸创新链、完善产业链，为推动我国光电子信息产业加快发展作出更大贡献。随着我国发展壮大，突破"卡脖子"关键核心技术刻不容缓，必须坚持问题导向，发挥新型举国体制优势，踔厉奋发、奋起直追，加快实现科技自立自强。

高端制造是经济高质量发展的重要支撑。推动我国制造业转型升级，建设制造强国，必须加强技术研发，

＊ 这是习近平同志在湖北武汉考察时讲话要点的一部分。

提高国产化替代率，把科技的命脉掌握在自己手中，国家才能真正强大起来。

我国是世界第二大经济体，但还有不少短板，一些产业的基础还不是很牢固，进一步发展必须靠创新。全面建设社会主义现代化国家，实现第二个百年奋斗目标，创新是一个决定性因素。党中央高度重视科技创新，实施科教兴国战略和创新驱动发展战略。如果我们每一座城市、每一个高新技术开发区、每一家科技企业、每一位科研工作者都能围绕国家确定的发展方向扎扎实实推进科技创新，那么我们就一定能够实现既定目标。我们这一代人必须承担起这一光荣使命。科技创新，一靠投入，二靠人才。看到这里聚集了不少精英人才，大家都很年轻，充满活力，我感到很高兴。党中央十分关心科技人才成长，各级党委和政府要尽可能创造有利于科技创新的体制机制和工作生活环境，让科技工作者为祖国和人民作贡献。希望大家继续努力，取得更大成绩。

加快建设现代化产业体系[*]

（二〇二二年十月十六日、十二月十五日）

一

坚持把发展经济的着力点放在实体经济上，推进新型工业化，加快建设制造强国、质量强国、航天强国、交通强国、网络强国、数字中国。实施产业基础再造工程和重大技术装备攻关工程，支持专精特新企业发展，推动制造业高端化、智能化、绿色化发展。巩固优势产业领先地位，在关系安全发展的领域加快补齐短板，提升战略性资源供应保障能力。推动战略性新兴产业融合集群发展，构建新一代信息技术、人工智能、生物技术、新能源、新材料、高端装备、绿色环保等一批新的增长引擎。构建优质高效的服务业新体系，推动现代服务业同先进制造业、现代农业深度融合。加快发展物联网，建设高效顺畅的流通体系，降低物流成本。加快发展数字经济，促进数字经济和实体经济深度融合，打造

---

[*] 这是习近平同志二〇二二年十月、十二月两篇文稿中有关加快建设现代化产业体系内容的节录。

具有国际竞争力的数字产业集群。优化基础设施布局、结构、功能和系统集成,构建现代化基础设施体系。

(二〇二二年十月十六日在中国共产党第二十次全国代表大会上的报告)

二

我们要练好内功、站稳脚跟。我国有世界最完整的产业体系和潜力最大的内需市场,要切实提升产业链供应链韧性和安全水平,抓紧补短板、锻长板。

一是确保国民经济循环畅通。我国经济必须确保国家安全,确保基本民生,确保基础设施、基础产业总体正常运转。要大力提升粮食、能源资源安全保障能力,特别是要把粮食饭碗牢牢端在自己手上。要实施新一轮千亿斤粮食产能提升行动,向耕地和科技要产能,向国土资源要食物。要加强重要能源、矿产资源国内勘探开发和增储上产,统筹布局电力源网荷储,加快规划建设新型能源体系,支持企业"组团出海",加快进口多元化。要提升国家战略物资储备保障能力。

二是加快实现产业体系升级发展。要在重点领域提前布局,全面提升产业体系现代化水平,既巩固传统优势产业领先地位,又创造新的竞争优势。抓住全球产业结构和布局调整过程中孕育的新机遇,勇于开辟新领域、制胜新赛道。传统制造业是现代化产业体系的基底，要加快数字化转型，推广先进适用技术，着力提升高端化、智能化、绿色化水平。战略性新兴产业是引领未来发展的新支柱、新赛道。要加快新能源、人工智能、生物制造、绿色低碳、量子计算等前沿技术研发和应用推广，支持专精特新企业发展。要大力发展数字经济，提升常态化监管水平，支持平台企业在引领发展、创造就业、国际竞争中大显身手。

（二〇二二年十二月十五日在中央经济工作会议上的讲话）

实施科教兴国战略，强化现代化建设人才支撑[*]

（二〇二二年十月十六日）

教育、科技、人才是全面建设社会主义现代化国家的基础性、战略性支撑。必须坚持科技是第一生产力、人才是第一资源、创新是第一动力，深入实施科教兴国战略、人才强国战略、创新驱动发展战略，开辟发展新领域新赛道，不断塑造发展新动能新优势。

我们要坚持教育优先发展、科技自立自强、人才引领驱动，加快建设教育强国、科技强国、人才强国，坚持为党育人、为国育才，全面提高人才自主培养质量，着力造就拔尖创新人才，聚天下英才而用之。

（一）办好人民满意的教育。教育是国之大计、党之大计。培养什么人、怎样培养人、为谁培养人是教育的根本问题。育人的根本在于立德。全面贯彻党的教育方针，落实立德树人根本任务，培养德智体美劳全面发

---

[*] 这是习近平同志在中国共产党第二十次全国代表大会上的报告《高举中国特色社会主义伟大旗帜，为全面建设社会主义现代化国家而团结奋斗》的一部分。

展的社会主义建设者和接班人。坚持以人民为中心发展教育，加快建设高质量教育体系，发展素质教育，促进教育公平。加快义务教育优质均衡发展和城乡一体化，优化区域教育资源配置，强化学前教育、特殊教育普惠发展，坚持高中阶段学校多样化发展，完善覆盖全学段学生资助体系。统筹职业教育、高等教育、继续教育协同创新，推进职普融通、产教融合、科教融汇，优化职业教育类型定位。加强基础学科、新兴学科、交叉学科建设，加快建设中国特色、世界一流的大学和优势学科。引导规范民办教育发展。加大国家通用语言文字推广力度。深化教育领域综合改革，加强教材建设和管理，完善学校管理和教育评价体系，健全学校家庭社会育人机制。加强师德师风建设，培养高素质教师队伍，弘扬尊师重教社会风尚。推进教育数字化，建设全民终身学习的学习型社会、学习型大国。

（二）完善科技创新体系。坚持创新在我国现代化建设全局中的核心地位。完善党中央对科技工作统一领导的体制，健全新型举国体制，强化国家战略科技力量，优化配置创新资源，优化国家科研机构、高水平研究型大学、科技领军企业定位和布局，形成国家实验室体系，统筹推进国际科技创新中心、区域科技创新中心建设，加强科技基础能力建设，强化科技战略咨询，提升国家创新体系整体效能。深化科技体制改革，深化科技评价改革，加大多元化科技投入，加强知识产权法治保障，形成支持全面创新的基础制度。培育创新文化，弘扬科学家精神，涵养优良学风，营造创新氛围。扩大国际科技交流合作，加强国际化科研环境建设，形成具有全球竞争力的开放创新生态。

（三）加快实施创新驱动发展战略。坚持面向世界科技前沿、面向经济主战场、面向国家重大需求、面向人民生命健康，加快实现高水平科技自立自强。以国家战略需求为导向，集聚力量进行原创性引领性科技攻关，坚决打赢关键核心技术攻坚战。加快实施一批具有战略性全局性前瞻性的国家重大科技项目，增强自主创新能力。加强基础研究，突出原创，鼓励自由探索。提升科技投入效能，深化财政科技经费分配使用机制改革，激发创新活力。加强企业主导的产学研深度融合，强化目标导向，提高科技成果转化和产业化水平。强化企业科技创新主体地位，发挥科技型骨干企业引领支撑作用，营造有利于科技型中小微企业成长的良好环境，推动创新链产业链资金链人才链深度融合。

（四）深入实施人才强国战略。培养造就大批德才兼备的高素质人才，是国家和民族长远发展大计。功以才成，业由才广。坚持党管人才原则，坚持尊重劳动、尊重知识、尊重人才、尊重创造，实施更加积极、更加开放、更加有效的人才政策，引导广大人才爱党报国、敬业奉献、服务人民。完善人才战略布局，坚持各方面人才一起抓，建设规模宏大、结构合理、素质优良的人才队伍。加快建设世界重要人才中心和创新高地,促进人才区域合理布局和协调发展,着力形成人才国际竞争的比较优势。加快建设国家战略人才力量,努力培养造就更多大师、战略科学家、一流科技领军人才和创新团队、青年科技人才、卓越工程师、大国工匠、高技能人才。加强人才国际交流,用好用活各类人才。深化人才发展体制机制改革,真心爱才、悉心育才、倾心引才、精心用才,求贤若渴,不拘一格,把各方面优秀人才集聚到党和人民事业中来。

图书在版编目(CIP)数据

论科技自立自强／习近平著．—北京：中央文献出版社，2023.5

ISBN 978-7-5073-4947-4

Ⅰ．①论… Ⅱ．①习… Ⅲ．①习近平-著作-学习参考资料 ②科技发展-中国-学习参考资料 Ⅳ．①D2-0 ②G322

中国国家版本馆 CIP 数据核字(2023)第 087660 号

论科技自立自强

LUN KEJI ZILI ZIQIANG

中央文献出版社　出版发行

http：//www.zywxpress.com

北京市西城区前毛家湾 1 号　邮编：100017

电话：010-83089394／83072509／83089319／83089404／83089317

北京中科印刷有限公司印刷

710 毫米×1000 毫米　16 开本　19 印张　175 千字
2023 年 5 月第 1 版　2023 年 5 月第 1 次印刷

ISBN 978-7-5073-4947-4　　定价：39.00 元

本社版图书如有印装错误可随时调换
（电话：13601084124／13811637459）